놀라운 마술 심리학

치유에서 재활까지
마술심리학의 모든 것

# 놀라운
# 마술
# 심리학

홍미선 지음

휴엔스토리

# 마술 심리 상담, 재활과 심리 치료까지

필자는 1996년부터 2021년 현재까지 현직에서 아이들을 지도하고 있다. 현장에서 필자는 아이들이 무대에 나가지 않고 각자의 위치에서 앉은 채로 말을 할 때는 잘하는데 앞에 나와서 발표할 때는 부끄러워하며 제대로 실력 발휘를 하지 못하거나, 간혹 발표를 큰소리로 하지만 바람직하지 않은 비언어적 메시지가 빈번하게 나타나는 현상을 많이 보아 왔다.

　가끔 정말 용기 내서 발표하는 친구가 있어도 잘 들어 주지 않는 모습을(비발표자 아이들) 보고 그나마 용기를 내었던 아이들마저 발표 의욕이 저하되는 것도 보았다. 그래서 발표하는 사람도 재미있고 보는 사람도 즐거운 게 뭐가 있을까를 고민하던 중, 2007년 초 마술 동화 구연에 착안해서 마술과 스피치를 접목한 프로그램을 개발했고, 2008년부터 학교 현장에서 '마술 스피치' 방과 후 프로그램으로 개발하여 교육 기관에 적용하기 시작했다. 당시만 해도 생소한 교육 프로그램이라 학교 담당자들은 반신

반의했지만 모집은 대성황을 이루었고, 여기저기 학교에서 러브콜이 들어와 교육마술연구 센터를 개원하였다. 이곳에서 마술 스피치 강사를 양성하여 각 교육 기관에 파견하기에 이르렀다.

2008년 교육 마술 스피치로 시작한 마술 교육이 교육 현장에서 치료 효과를 가져오기 시작하면서 2009년부터 본격적인 마술 치료 프로그램으로 보완 개발되어 갔다. 이후 다문화 아이들과 학교 폭력의 가해자와 피해자 학생, 장애인 복지관과 재활원의 장애우들, 산재를 당해 장애를 입으신 분 등 다양한 대상에게 마술 치료 프로그램을 진행한 결과, 마술 치료가 단순히 발표력만 향상하는 것이 아니라 재활과 심리 치료적 효과까지 있음을 발견하게 되어 마술 치료 프로그램인 '마술 심리 상담 프로그램'을 개발하게 되었다.

마술 치료는 남녀노소 누구에게나 효과가 좋은 프로그램이다. 학생들과 교사들뿐 아니라 일반 직장인, 취미나 특기가 필요한 사람 등 다양한 분야에서 효과를 볼 수 있다. 이 책은 아주 간단한 마술을 통해 스스로 힐링하면서 자기 주변 사람들에게까지 긍정과 행복 에너지로 물들게 해 삶의 만족도를 높이는 마법 같은 마술 치료 도서이다. 누구나 읽고 이해하기 쉽게 되어 있어 심리 상담을 전공하지 않은 일반인들이 읽고 활용하기에도 효과적이다.

이 책에서 소개한 마술을 활용한 화술과 심리적 방법들을 가정에서 자녀들에게 활용한다면 우리 아이가 달라진 모습을 확인할 수 있을 것이다!

유치, 초중고등학교 선생님이나 대학의 교수님도 이 책을 활용해서 수업에 적용한다면 그동안의 반응과는 전혀 다른 반응을 얻게 될 것이며, 사회생활에 어려움이 있는 직장인들도 마술 치료로 보다 만족도 높은 직장생활을 맛보게 될 것이다.

이 책이 나올 수 있도록 나의 마술 치료 수업을 전사하고 정리하는 데 도움을 주신 교육마술연구센터 박서연 연구팀장님과 지지와 응원을 아끼지 않은 군산 맘투맘 심리상담센터 장명진 소장님, 어려운 심리학 용어를 쉬운 언어로 인용할 수 있게 도움을 주신 인지 심리학자 김경일 교수님께 감사의 말씀을 전한다.

전 세계 자살률 1위라는 오명을 벗고!

대한민국 국민 모두가 행복한 삶, 스스로 만족하는 삶을 살고 있다고 말할 수 있을 그 날까지~!

세상은 살아볼 만하다고 느끼는 그 날까지~!

오늘도 주문을 걸어본다!

마음채심리상담센터장<br>
교육마술연구센터 센터장 홍미선

## contents

# Chapter 1
# 마술 심리 상담이 뭐예요?

# Chapter 2
# 마술 치료사가 되려면 어떤 교육을 받나요?

# Chapter 3
# 마술 심리 상담의 현장 속으로 GO! GO! GO!

*chapter 1*

# 마술 심리 상담이
# 뭐예요?

## ♣ 마술로 심리 상담을 한다고?

　마술 심리 상담은 교육 마술과 놀이 치료, 스피치 기법을 접목한 새로운 상담기법이다. 먼저 마술이라는 매개체를 활용해서 배우고자 하는 흥미와 동기를 유발시킨다. 마술을 배우고자 하는 목적의식이 형성되면 놀이 치료와 다양한 심리 기법을 통해 심리 정서적인 안정과 바람직한 학습 태도를 강화하는 한편, 스피치 기법을 활용해서 다른 사람에게 마술을 보여 주는 활동을 통해 자신감과 발표력을 키워 자존감과 사회성을 향상하는 상담 기법이다. 이 치료법은 우울을 개선하고 자신감을 높여 인간관계 개선에 효과를 주는 마술 놀이 치료이다. 마술의 해법을 찾는 인지적 활동과 도구를 조작하는 물리적 활동으로 치매 예방과 재활 치료에도 도움이 되고 있다. 마술 심리 상담은 마술 치료라고도 불린다.

## ❷ 마술하다 보면 자신감과 발표력까지 쑥쑥

마술 심리 상담 과정은 단순히 마술을 배우는 것이 아니라 마술을 익히고 연출하는 과정에서 심리적 기법과 강화를 통해 자신감을 기르고 발표력도 향상하며, 재활 치료와 긍정적인 자기 경험의 기회를 가져 자기 효능감 향상과 자존감을 향상시키는 마술 치료 프로그램이다.

마술 치료는 학교생활 부적응으로 힘들어하거나 자신감이 부족한 대상자들이나 재활 치료가 필요한 내담자들에게 탁월한 효과가 있다. 마술의 원리를 이해하는 과정에서 사고력의 신장을 가져오고 체계적인 과정을 통해 언어, 동작, 연기 등이 자연스럽게 어우러져 정확한 스킬로 표현된다.

마술 심리 상담사가 마술을 시연할 때 내담자들은 해법을 찾기 위해 마술 시연 모습을 집중해서 관찰하게 된다. 이 과정을 통해 집중력과 관찰력을 향상시킨다. 해법을 찾는 과정에서 마술 속에 숨겨진 과학의 원리를 찾을 수 있도록 마술 심리 상담사는 내담자들의 적극적이고 창의적인 사고를 강화한다. 마술 연출 과정에서 다른 사람에게 보여 주는 과정을 통해 자신감과 발표력을 향상할 수 있으며, 그로 인해 대인관계와 사회성이 좋아져서 자존감까지 높일 수 있다.

내담자들은 남들이 잘 모르는 마술을 배웠기 때문에 보여주고 싶은 의욕이 일어나고, 마술을 보는 사람 또한 신기하고 새로운 마술에 매료되어 마술 발표자에게 집중하는 과정을 통해 발표자의 사기를 높이고 자신감이 향상되는 것이다.

정서 행동상의 부적응을 가진 대상자의 경우, 적극적인 참여를 통해 대상자의 심리적인 부적응을 완화하고, 긍정적인 정서 함양을 배양하게 될 것이다.

마술 심리 상담은 교육 현장에서 보다 쉽고 즐겁게 대상자들이 흥미를 가지고 참여할 수 있도록 내용을 구성하였으며, 스스로 하는 활동을 통해 문제의 상황에 맞게 의사소통하는 능력을 기를 수 있게 구성했다. 마술을 통해 자기 효능감과 사회적 자기 효능감을 향상할 수 있는 프로그램으로 남녀노소 모두에게 적용 가능한 프로그램이다.

## 3 정식 자격 과정으로 등록되기까지

정식 등록 명칭을 미술 치료라 하지 않고 '미술 심리 상담'이라고 하는 이유는 의학계에서 '치료'라는 명칭에 대한 사용을 공식적으로 인정하고 있지 않기 때문이다. 현재 우리나라에 가장 많이 보급된 미술 치료는 2008년도부터 한국직업능률개발원에 정식 자격 과정으로 등록되었고, 그 명칭도 처음부터 미술 심리 상담사로 등록되었다. 자격 과정이 정식 등록되기 전에 교육 현장에서는 '미술 치료'라 명명했고, 지금까지도 상담 현장에서는 미술 치료라고 많이 불리고 있다.

기존에 미국과 유럽에서 진행했던 미술 치료는 미술사와 재활치료사, 환자, 이렇게 세 명으로 팀을 구성하여 미술사와 재활치료사가 환자의 특성에 적합한 목표를 세우고 프로그램을 계획 진행했다.

미술 심리 상담은 2009년 홍미선 센터장이 개발한 프로그램으로, 재활치료사 없이 미술 심리 상담사의 주도하에 진행하는 프로그램이다. 이 프로그램은 다년간 현장에 접목 시행하며 그 효과를 인정받았고, 2020년 3월 한국직업능률개발원에 자격 과정이 등록되었다.

# ♣ 마술 치료는 어떻게 시작됐을까?

## 국외 마술 치료 역사*

① 1982년 데이비드 카퍼필드와 줄리 드진이 최초로 마술에 치료를 접목하기 시작

② 의료진들의 저항으로 마술 치료 사용 반대 의견 대두

③ 1984년 마술사와 재활치료사로 구성된 치료 마술 개념이 정립(미국, 버지니아 뱁티스트 병원의 중앙 건강 사업부)

④ 현재 치료 마술 워크숍과 컨벤션으로 체계화

　　▶ 마술 치료 웹사이트 http://www.MagicTherapy.com

## 국내 마술 치료 역사**

(1) 이은결, 경희 의료원에서 마술 치료 접목 시작

2013년 3월 5일 경희 의료원에서 이은결과 의료진이 함께하는 '마술 치료 효과 및 국내 도입을 위한 방안 모색'의 자리가 마련되었다.

---

* 동부산대학 매직엔터데인먼트학과 마술강의자료집, 김원일, 2013년, 2~3 Page

** 이은결과 함께한 마술 치료 세미나 성료, 블로그 몸짱 기자 박현의 취재수첩, 몸짱 기자. 2013.3.1.
　2014년 4월 28일 '이은결 프로젝트'와 함께 환우를 위한 마술 재능 기부 진행(경의 의료원 홈페이지 참조)

## (2) 홍미선의 마술 치료

### 1. 마술 치료의 탄생 배경

필자는 1996년부터 2021년 현재까지 현직에서 아이들을 지도하고 있다. 현장에서 필자는 아이들이 무대에 나가지 않고 각자의 위치에서 앉은 채로 말을 할 때는 잘하는데 앞에 나와서 발표할 때는 부끄러워하며 제대로 실력 발휘를 하지 못하거나, 간혹 발표를 큰소리로 하지만 바람직하지 않은 비언어적 메시지가 빈번하게 나타나는 현상을 많이 보아 왔다. 가끔 정말 용기 내서 발표하는 친구가 있어도 잘 들어 주지 않는 모습을(비발표자 아이들) 보고 그나마 용기를 내었던 아이들마저 발표 의욕이 저하되는 것도 보았다. 그래서 발표하는 사람도 재미있고 보는 사람도 즐거운 게 뭐가 있을까를 고민하던 중, 2007년 초 마술 동화 구연에 착안해서 마술과 스피치를 접목한 프로그램을 개발했고, 2008년부터 학교 현장에서 '마술 스피치' 방과 후 프로그램으로 개발하여 교육 기관에 적용하기 시작했다. 당시만 해도 생소한 교육 프로그램이라 학교 담당자들은 반신반의했지만 모집은 대성황을 이루었고, 여기저기 학교에서 러브콜이 들어와 교육마술연구 센터를 개원하였다. 이곳에서 마술 스피치 강사를 양성하여 각 교육 기관에 파견하기에 이르렀다.

2008년 교육 마술 스피치로 시작한 마술 교육이 교육 현장에서 치료 효과를 가져오기 시작하면서 2009년부터 본격적인 마술 치료 프로그램으로 보완 개발되어 갔다. 이후 다문화 아이들과 학교 폭력의 가해자와 피해자 학생, 장애인 복지관과 재활원의 장애우들, 산재를 당해 장애를 입으신 분 등 다양한 대상에게 마술 치료 프로그램을 진행한 결과, 마술 치료가 단순히 발표력만 향상하는 것이 아니라 재활과 심리 치료적 효과까지 있음을 발견하게 되어 마술 치료 프로그램인 '마술 심리 상담 프로그램'을 개발하게 되었다.

## 2. 마술 치료의 놀라운 효과들

**<사례 1>** 초등학교 2학년의 다문화 가정 아이였고, 2학기가 될 때까지 선택적 함묵증 증세로 교실에서 한마디도 하지 않았던 여학생이다. 마술 치료 후 교실에서 쉬는 시간에 아이들에게 배운 마술을 시연하는 모습을 보고 담임 선생님이 놀라서 마술 치료사에게 찾아왔다. 그 여학생은 그해 겨울 전국 마술 스피치 대회에서 교육장상 대상을 수상했고, 그로부터 약 8년 후 중학교 전교 부회장이 되어 회장단 리더십 캠프에서 홍미선 마술 치료사와 재회했다. 그리고 그 학생의 놀라운 변화는 마술 치료 칼럼에 실리게 된다.

**<사례 2>** 산재로 장애를 입게 되신 분이었는데, 정상인으로 살다가 어느 날 갑자기 사고로 순식간에 장애를 입게 되면서 몸도 아프지만 마음의 병이 더 컸다. 다친 몸이어서 할 수 있다는 자신감도 없어지고, 더 이상 사람들 만나기도 싫어졌다. 그러나 마술을 배우면서 재활 치료도 되고, 나도 뭔가 할 수 있다는 자신감이 생겼다. 신기한 마술을

다른 사람에게 보여주고 싶다는 생각이 들면서 집 안에만 있던 우울한 삶이 개선되었고, 마술을 통해 고통을 잊고 즐겁게 재활 치료를 할 수 있게 되었다며 울면서 감사의 마음을 표현하셨다.

<사례 3> 학교 폭력 가해자들을 위한 치료 프로그램이었다. 학폭 가해자 부모님에게도 늘 문제만 일으키는 자녀의 모습이 아닌 자랑스러운 자녀의 모습을 보여주려는 취지에서 실시되었다. 10회기 마술 치료 후 학생들이 공연장에서 공연하는 프로그램이었는데, 부모님 한 분과 친구 한 명 이상을 초대하여 마술공연을 하는 미션을 성공리에 수행하였다. 학생들은 자기 효능감과 자부심, 성공감을 느끼는 경험을 하였다.

<사례 4> 다문화 이주 여성들과 비장애인, 장애인으로 '다스토리마술단'을 창단하였다. 마술단 창단은 이주 여성들의 자신감과 사회성 향상에 긍정적인 영향을 미쳤고, 지역 사회 행사에 초대되어 공연을 펼치는 활동을 하게 되었으며 MBC 생방송에 그 활동이 소개되었다.

<사례 5> 치료 프로그램으로 특수아와 왕따 학생의 자신감과 사회성이 향상되어 전북 교육청 행사에 초대되어 교육감 앞에서 공연하게 되었다. 이 소식은 중앙일보에 보도되었고, KBS에서도 집중 취재하여 전국으로 방송 되었다.

**‹사례 6›** 2018년 KBS '사랑의 가족'에 마술 치료로 효과를 본 학생들의 사연이 전국에 방송되자 순천의 한 노인 대학 학장님으로부터 전화가 왔다. TV를 보고 감동받았다면서 자신도 꼭 마술을 배우고 싶어 방송국에 연락해 필자의 연락처를 알아냈다는 것이다. 일 년에 한두 번만 일반인을 위한 강좌를 열었기 때문에 그 시점에는 강좌가 예정되어 있지 않았지만, 간절히 요청하시는 학장님을 외면할 수 없어 소그룹 강좌를 열게 되었다. 학장님은 본인이 근무하는 순천 노인 대학의 수강생들에게 치매 예방 프로그램으로 마술 치료를 하면 좋겠다고 눈을 반짝이셨다.

마술은 연출 순서를 기억해야 하는 특성상 뇌 기능 강화와 인지 발달 효과가 있고, 도구 조작 연습을 통해 소근육과 대근육을 발달시켜 재활 효과가 있다. 또한 늙고 병들어서 쓸모가 없고 할 수 있는 게 없다고 생각하는 우울감과 저하된 자존감을 가진 노인들은, 이 프로그램을 통해 남들이 하지 못하는 마술을 보여줌으로써 삶의 활력이 생기고 사람들과의 만남을 즐기게 되어 우울감에서 벗어날 수 있으며, 자기 효능감과 자존감을 높여 삶의 질을 높일 수 있다.

이후 학장님은 강좌가 있을 때마다 부지런히 기차를 타고 오셔서 밑천이 떨어지셨다며 새로운 마술을 배워 가신다.


**‹사례 7›** 교사들은 마술 치료 스킬을 배워서 교육 현장에서 활용함으로써 수업에 활기를 불어넣고 수업이 기다려지는 선생님이 되고 있다.

수업 시작 초반이나 수업 중 중요한 핵심을 지도할 때, 학생들이 졸릴 때, 마술 연수를 받은 선생님들은 반짝 마술로 학생들과 보다 더 친밀해졌다. 수업 효과가 높아 교원 연수에 인기 강좌가 되고 있다.

**< 사례 8 >** 유학생들의 학교 적응과 교우 관계 향상에도 효과를 거두었다. 언어뿐 아니라 문화와 음식, 모든 것이 낯선 유학생들은 먼 타국에서 공부하기가 쉽지만은 않다. 낯선 외국 사람들과의 관계도 어려움에 한몫을 더한다. 마술은 전 세계 누구에게나 말이 통하지 않아도 서로 친밀감을 형성할 수 있다. 또한 마술을 배우는 과정에서도 스스로 힐링이 되어 학교 적응과 교우 관계 향상에 도움을 준다. (홍미선 페이스북, 네이버 블로그: 마음채심리상담센터 참고)

## 3. 마술 심리 상담사의 탄생 과정

2008년   마술 스피치 방과 후 프로그램 개발 및 보급

2009년   교육 마술 연구 센터 개소 후 교육 마술 스피치 강사 양성 파견

2009년   마술 치료 개발 및 지속적인 연구 개발

2013년   교육 마술 연구 센터 정식 사업자 등록

2016년   1월 마음채심리상담센터를 개소하여 마술 치료 프로그램을 보다 체계적이고 공식적으로 보급하기 시작

2017년   12월 국제 참예술인 대상 마술 분야 대상 수상

　　　　　　　　　　　　　　　　　　　　　　　　　　　**놀라운 마술 심리학**

2018년   1월 MBC 생방송 뷰 '다문화 다스토리 마술단' 방영 – 다
　　　　  문화 이주 여성들의 마술을 통한 삶의 변화 이야기

2018년   4월 중앙일보 – 왕따 외톨이들의 변신 이야기

2018년   6월 KBS '사랑의 가족' – 마술 치료 프로그램으로 왕따를
　　　　  극복한 아이들의 이야기 방송

2019년   4월 지역 신문인 익산 열린신문에 마술 치료 칼럼 연재 시
　　　　  작

2019년   12월 대한민국 국민 대상 문화예술대상 수상

2020년   3월 한국직업능력개발원 마술 심리 상담사 민간 자격 등록

## 🍄 마술 치료는 어떻게 진행되나요?

### 국외 마술 치료의 내용*

(1) 팀 구성

마술사, 재활사, 내담자 이렇게 최소 3명으로 구성

(2) 실행의 6단계

1단계  전 시간에 배운 것 복습하고 발표하기

2단계  오늘 배울 마술을 소개하며 역사 및 응용법 등을 설명

3단계  마술 시연

4단계  마술의 원리, 수학적 원리 등을 탐구

5단계  마술의 원리 공개 후 연습

6단계  충분한 연습 후 부담 없는 분위기를 만들어 발표의 시간 갖기

### 국내 최초 마술 치료(마술 심리 상담)의 내용

(1) 마술 치료 교육 과정 내용

1. 사전 사후 검사

표준화된 객관적 평가 도구로 검사를 진행한다.

---

\* 동부산대학 매직엔터테인먼트학과 마술 강의 자료집, 김원일, 2013년 판 p.5

점수화 또는 등급화가 가능한 표준화된 객관적 평가 도구와 내담자의 심리 행동 특성을 알 수 있는 검사를 진행하여 대상자의 심리 행동 문제를 진단하고 긍정적 변화를 측정함으로써 변화를 확인할 수 있다.


## 2. 스피치 프로그램

호흡법, 발성법, 안면 근육 이완 훈련, 발음 교정으로 자신감 회복을 돕고, 바른 발표 자세와 교정으로 기본 스피치 태도를 익힌다.


## 3. 교육 마술 프로그램

(ㄱ) 마술의 해법을 찾는 과정에서 집중력, 관찰력, 과학적 사고 능력, 창의력이 향상된다.

(ㄴ) 마술 발표 과정에서 자기 표현력과 자신감이 향상된다.

(ㄷ) 개인의 개성에 따라 창의적으로 연출된 마술을 보여주는 과정을 통해 예술적인 자기표현 과정이 내담자의 무의식을 활성화하고 창조적 기능을 자극하여 자기 치유 능력이 증진된다.

(ㄹ) 내담자의 생각, 감정, 행동을 마술 놀이를 통해 효과적으로 표현하게 함으로써 자신의 문제 극복과 잠재된 가능성을 극대화할 수 있다.

(ㅁ) 내담자는 마술 놀이를 하면서 심리적 안정감을 느껴 불안감이나 방어적 태도가 줄어들고 긴장감과 스트레스가 감소하며, 성취감

을 통해 자아 존중감이 향상되어 다양한 문제 해결을 시도하므로 내담자의 심리적, 행동적 문제 해결에 효과적이다.

## 4. 마술 놀이 치료 프로그램

(ㄱ) 내담자가 심리적으로 건전하고 사회적으로 효율적인 특성을 학습하도록 돕는 프로그램으로, 마인드 교육을 통해 사고, 정서, 행동 측면의 문제를 스스로 제거하거나 감소시킨다.

(ㄴ) 마술 놀이 활동을 통해 자유로운 창의적 표현과 더불어 감각 및 인지, 정서적 발달과 자존감을 향상시켜 내담자의 긍정적인 정서 발달과 함께 사회 구성원으로서 바람직한 성장을 돕는다.

(ㄷ) 마술 놀이 치료 프로그램으로 대상자의 문제를 예방 치유하고 올바른 자아상을 형성할 수 있도록 체계적인 프로그램을 설계한다.

(ㄹ) 마술 관람을 통하여 정서를 함양하고 마술 발표회를 개최하여 내담자의 자신감 및 성공 경험을 통한 긍정적 자아상을 기른다.

(ㅁ) 대상자는 마술 놀이를 하면서 심리적 안정감을 느껴 불안감이나 방어적 태도가 줄어들고 긴장감과 스트레스가 감소한다. 또한 성취감을 통해 자아 존중감이 향상되고 다양한 문제 해결을 시도함으로써 심리적, 행동적 문제 해결에 효과를 얻는다.

(ㅂ) 신기한 마술 시연을 보고 마술을 배우고자 하는 의욕을 고취하는 과정에서 회피 동기와 접근 동기를 강화한다.

(ㅅ) 제한된 공간과 시간에서 대상자의 Want와 Like 심리를 이용해서

성취동기를 부여해 듣기 자세와 발표 자세를 교정한다.

(ㅇ) 마술 도구를 받을 수 있는 점수를 획득하기 위한 만족 지연 능력을 발달시킨다.

## (2) 마술 치료사의 자세

- 긍정적이고 밝은 분위기 : 내담자가 마술에 대한 호기심과 기대를 갖게 한다.
- 민감성 유지 : 상대의 감정을 파악할 수 있도록 공감 능력과 민감성을 기른다.
- 전체를 볼 수 있는 여유 : 집단 상담 시 전체 내담자의 감정을 파악할 수 있어야 한다.
- 단호함과 코믹성의 조화 : 단호함 속에 신비스러움이, 반면 두려울 수도 있을 감정을 코믹스러움으로 희화할 수 있는 능력을 기른다.
- 전문성 : 마술과 심리 상담의 전문 지식을 습득하고 익히기 위한 꾸준한 노력이 필요하다.

## (3) 마술 치료사의 역할

- 내담자의 순간적인 목적의식을 끌어올려 배우고자 하는 의욕을 고취한다.
- 내담자 언행의 숨은 동기를 이해하고 공감할 수 있어야 한다.
- 내담자가 마음을 열고 용기 내어 도전할 수 있도록 도와준다.

(4) 마술 치료가 필요한 대상

- 교사, 상담사, 사회복지사, 마술사, 강사
- 영업 사원
- 종교 지도자
- 의사, 간호사
- 장애로 인해 재활 치료가 필요한 경우
- 치매 예방을 희망하는 분
- 대학생 – 발표 수업에 효과적
- 면접 준비생
- 특기가 필요한 누구나
- 반장 선거에 나가고 싶은 학생
- 새로운 변화를 희망하는 남녀노소 모두 가능
- 사회성의 결여로 사회적으로 위축이 되어 인간관계에서 어려움이 있는 경우(왕따, 은따)
- 자기 주도성이 부족하거나 매사에 의욕 저하인 경우
- 자기표현 및 대인관계에 어려움이 있는 경우
- 매사에 의욕이 없고 우울한 경우
- 자신감이 부족한 경우
- 자존감을 향상시키고 싶은 경우
- 부모 자녀 간 소통이 어려운 경우
- 가족 간에 소통이 어려운 경우

- 발표력을 기르고 싶은 경우
- 일상의 재미있는 변화를 희망하는 경우
- 이성 친구에게 호감을 주고 싶은 경우
- 심리·정서적 우울감이 있어 극복하고 싶은 경우

(5) 마술 치료의 효과

- 순간적인 목표 의식이 생겨 의욕이 없는 친구들에게 적극적인 에너지 상승효과를 가져올 수 있다.
- 마술에 집중하고 흥미로운 마술을 배우는 과정을 통해 심리·정서적으로 안정된다.
- 마술을 배우는 과정에서 집중력과 관찰력이 향상된다.
- 남녀노소 모두에게 적합하며 세대 간 소통에도 효과적이다.
- 내적 강화가 이루어져 자발적인 자기 주도 능력이 향상된다.
- 마술을 배우고 발표하는 과정에서 적극적이고 긍정적인 자아상을 갖게 된다.
- 다른 사람이 마술 연출하는 모습을 보고 비판적 사고 능력과 듣기 자세를 향상할 수 있다.
- 다른 사람에게 자신의 생각이나 느낌을 적절하게 표현하는 스피치 능력이 습득된다.
- 마술을 발표할 때 또박또박 조리 있게 말하는 방법을 통해 언어 능력이 개발된다.

- 마술을 통해 교우 관계 개선에 도움이 되며 사회적 자기 효능감이 발달된다.
- 마술 속에 숨겨진 과학의 원리, 수의 배열 등 다양한 원리들을 알아내는 과정에서 과학적 사고 능력, 논리력, 추리력, 상상력이 발달한다.
- 꾸준하고 지속적인 연습으로 집중력과 끈기가 길러지고, 종합적인 두뇌 발달이 촉진된다.
- 마술을 보여 주는 사이 적극적이고 자신감 있는 인성이 개발된다.
- 자신을 보다 현실적으로 이해하고 수용하여 긍정적인 자아상을 갖게 된다.
- 마술 공연을 준비하는 과정에서 공연 주제에 맞는 마술 선정, 마술 순서 정하기, 마술 음악 선정, 무대 조명, 표정 연기, 액션 연기, 화술 연기를 연출하는 과정에서 종합적 예술 감각이 발달한다.
- 마술사가 되어서 다른 사람들 앞에서 직접 마술을 보여주는 활동을 통해 대인관계 능력이 향상된다.
- 마술사가 되어서 다른 사람들 앞에서 직접 마술을 보여주는 활동을 통해 자신감과 사회적 자기 효능감이 높아지고 사회성 향상을 불러온다.
- 가족 치료에서 부모 자녀 간 소통의 매개체로 효과적이다.
- 마술 도구 조작을 통한 자연스러운 소근육과 대근육 운동으로 근육 근력과 감각 능력이 향상되어 장애우의 근육 재활 치료에 효과

적이다.

- 치매 예방을 위한 뇌 기능 활성화와 인지 치료로 마술을 연출하기 위해 인지 기능을 지속적으로 자극하여 재활과 치매 예방에 효과적이다.(마술 순서 기억, 해법 인지, 주의 사항 기억, 마술 도구 조작으로 인한 대·소근육 운동)

마술 치료의 나비 효과

마술 발표가 자신감 상승에 효과를 미치는 이유는, 마술을 다른 사람들 앞에서 발표할 때 남들이 하지 못하는 것을 보여 주는 것이므로 발표자는 우월감과 자신감이 생기고, 그로 인해 자꾸 보여주고 싶은 의욕이 생긴다.

마술을 발표하는 모습을 보는 관객들 또한 자신이 알던 가까운 지인이 놀라운 마술을 하는 것을 보고 집중해서 상황을 즐기게 된다. 이로 인해 자신감, 발표력, 성취동기, 자존감이 향상되는데, 이 과정을 통해 마술 발표자는 관객들의 반응에 힘입어 더 발표를 즐기게 되며 긍정적인 자기 개념을 갖는 더 큰 시너지 효과, 즉 나비효과가 나타날 수 있다.

*chapter 2*

# 마술 치료사가 되려면
# 어떤 교육을 받나요?

 스피치 교육

### 호흡법

호흡은 크게 복식 호흡과 흉식 호흡이 있다. 스피치를 할 때 자연스럽고 건강한 소리를 내기 위해서는 복식 호흡을 하는 것이 좋다.

#### 복식 호흡

1. 1단계 호흡 연습
- 5초 숨을 들이마시기 ⇒ 5초 숨 내쉬기

> **Check Point** 공기의 양을 일정하게 들이마시고 뱉어야 한다.

▶ 몸의 힘을 다 빼고 5초간 숨을 들이마신다. 입은 다물고, 코만을

이용해서 공기를 들이마시는데, 천천히 5초 동안 들이마셔서 들이마신 공기가 배에 꽉 차도록 한다.

▶ 5초 동안 공기가 하나도 남아 있지 않도록 모두 뱉어낸다.

여기서 핵심은 시간 조절 능력이다. 5초 안에 모두 공기를 뱉어내야 하는데 한꺼번에 뱉는 게 아니라 시간을 엄수하는 것이 핵심이다. 공기를 뱉을 때는 위아래의 치아가 서로 닿게 물고 입술을 떼서 치아 사이로 공기가 나오게 하는데 '스~' 소리를 내며 나오게 한다.

▶ 1단계 호흡 연습이 잘되면 이제 본격적인 2단계 호흡 연습을 한다.

## 2. 2단계 호흡 연습

• 5초 들이마시기 ⇒ 5초 멈추기 ⇒ 5초간 내쉬기

▶ 몸의 힘을 다 빼고 5초간 숨을 들이마신다.

▶ 5초 동안 숨을 멈추기

2단계 호흡 연습에서 핵심은 바로 5초간 멈추기이다. 호흡 연습을 하는 가장 큰 이유 중의 하나가 바로 이 멈추기이다. 숨을 들이마셨다가 멈춘 후 호흡을 뱉으면서 말을 하는 능력을 기르는 것이 화술의 전부라고 해도 과언이 아니다. 그 정도로 중요하다.

▶ 5초 동안 공기가 하나도 남이 있지 않도록 모두 뱉어낸다.

 2단계 연습이 잘 되었다면 초를 점점 늘려서 최종 15초까지 가는 것이 최종 호흡 연습의 목적지이다.

**놀라운 마술 심리학**

## 3. 3단계 호흡 연습(최종 목적지)

• 15초 들이마시기 ⟹ 15초 멈추기 ⟹ 15초 뱉기

## 발성법

스피치의 기본은 호흡과 발성이다. 아무리 멋진 스피치를 구사하는 사람이라도 소리가 너무 작아서 제대로 들리지 않는다면 어떻겠는가? 그가 정말 멋진 달변가인지 아무도 알아들을 수 없을 것이다. 이렇듯 스피치에서의 발성은 1순위로 중요하다.

시골의 동네에서는 저녁에 개 한 마리가 짖기 시작하면 온 동네 개들이 서로 앞다투어 짖는 광경을 흔히 볼 수 있었다. 왜 개는 한 마리만 짖어도 온 동네에 잘 울려 퍼지는 걸까? 갓난아기가 울면 그 소리가 굉장히 쩌렁쩌렁하다. 성인이 소리 내어 울어도 갓난아이가 우는 소리를 따라가기 힘들다. 왜 갓난아기는 울음소리가 큰 것일까? 여기에는 아주 단순한 원리가 숨겨져 있다. 그것은 바로 어떤 호흡을 하고 있는가이다.

발성이 크고 우렁차기 위해서는 복식 호흡을 활용한 발성이 되어야 하는데, 놀랍게도 이 세상의 모든 네 발 달린 동물은 자연스럽게 본능적으로 복식 호흡을 한다. 강아지나 고양이는 이해가 되는데 왜 직립 보행을 하는 갓난아이까지 복식 호흡이 가능한 걸까? 갓난아이는 아직 걷지 못하기 때문에 걷지 못하는 시기까지는 네 발 달린 동물처럼 복식 호흡을 하는 것이다. 이 아이들이 걸음마를 배워 걷기 시작하면 복식 호흡에서

자동으로 흉식 호흡으로 바뀌게 된다.

아기들이 복식 호흡을 하고 있는 증거는 자는 모습을 보면 알 수 있다. 잘 때 아기들의 배를 보면 배가 올라갔다 내려갔다 하는 것을 볼 수 있고, 자는 강아지나 고양이를 보면 역시나 배가 올라갔다 내려갔다 하는 것을 볼 수 있다.

그렇다면 성인이 되어서는 복식 호흡을 할 수 없는 것일까? 흉식 호흡이 생활화되어 있는 보통의 일반인들에게 호흡 지도를 해보면 도대체 감을 잡지 못하는 분들이 많다. 어떻게 해야 복식 호흡을 하느냐는 것이다. 의도적으로 천천히 눈을 감고 복식 호흡을 지도하면 잘 따라 하다가도 복식 호흡을 하면서 발성을 내 보게 하면 온몸에 힘이 들어가면서 경직되는 분들을 많이 보게 된다.

호흡과 발성을 동시에 할 경우 도저히 감을 잡지 못하고 몸에 힘이 너무 들어가서 발성을 하지 못하는 분들을 위한 팁이 있다. 놀랍게도 이 동작만 취해 보면 바로 갓난아기 때처럼 복식 호흡 발성을 할 수 있게 된다. 그 방법은 바로 네 발 달린 동물이 되는 것이다. 무릎을 구부리고 바닥에 엎드려서 '아! 아! 아!' 발성을 해보자. 서서 발성을 할 때와는 확연한 차이를 느낄 수 있고, 복식 호흡의 감을 못 잡으시는 분들은 자연스럽게 '아하~ 이게 복식 호흡이구나~!'를 느낄 수 있다.

## 안면 근육 훈련

많은 사람이 스피치를 배우거나 혹은 배우고 싶어 한다. 거창하게 스피치를 배우지는 않더라도 말을 잘하고 싶은 욕구는 많은 사람이 가지고 있다. 왜 말을 잘하고 싶어 하는 걸까? 목적이 무엇인가 생각해 보면 내 생각을 다른 사람에게 잘 전달해서 설득시키는 것, 이해시키는 것, 때로는 집중시키는 것, 이것이 스피치의 목적이자 잘하고 싶은 욕구이다.

전달력이 좋은 스피치는 정확한 발음, 상황에 맞는 표정과 제스처가 일치되어야 한다. 이 세 가지가 일치하면 상대방은 집중을 잘하고 나의 말에 빠져들게 된다. 그로 인해 내가 전달하고자 하는 메시지를 효과적으로 전달해서 소정의 목표를 달성하게 되는 것이다. 그렇다면 효과적 전달을 위한 필수 조건인 정확한 발음, 상황에 맞는 표정, 제스처를 잘하기 위해서는 어떻게 해야 하는 것일까?

정답은 내 몸의 근육을 통제할 수 있어야 한다. 정확한 발음을 위해서는 입술 근육과 혀 근육을 내 맘대로 통제할 수 있어서 혀의 정확한 조음점 위치를 잡고 조절할 수 있어야 한다.

상황에 맞는 표정을 연출하기 위해서는 안면 근육을 통제할 수 있어야 한다. 예를 들면 기쁜 표정, 슬픈 표정, 무서운 표정, 화난 표정 같은 다양한 상황의 표정들을 자유롭게 바로바로 연출할 수 있어야 한다. 그렇게 하기 위한 기본이 바로 안면 근육을 통제할 수 있는 조절 능력이다.

제스처는 말과 표정과 함께 그에 맞는 몸짓을 해야만 효과를 제대로 볼 수 있다. 한 예로 말과 표정은 배가 고픈데, 몸짓은 화장실이 급한 듯 엉덩이를 움켜쥔다면 일관된 제스처가 아니라서 상대방으로부터 공감을 얻지 못하고 상대방을 이해시키기도 어려울 것이다.

### 안면 근육 운동

- 얼굴 : 박수를 큰소리가 나게 세 번 치고 두 손을 비벼 마찰한 다음, 따뜻해진 손으로 얼굴을 종이 구기듯 마구마구 구긴다.
- 눈 : 얼굴은 움직이지 않고 눈동자만 위, 아래, 왼쪽, 오른쪽으로 돌리기를 한다. 왼쪽으로 한 바퀴 원을 그리듯 돌리고, 오른쪽으로도 눈동자로 원을 그리듯 돌린다.
- 코 : 콧구멍이 벌렁벌렁해지게 숨을 들이마실 때 콧구멍이 팽창하게 하고 내쉴 때 작아지게 만든다.
- 입 : '아, 에, 이, 오, 우' 기본 모음을 각각 최대한 입을 크게 벌려서 각

10초씩 정지하고, 최대 20초 동안 정지하는 것을 목표로 연습한다.

(ㄱ) 아 :  입을 최대한 크게 벌린다. 그 상태로 10초

(ㄴ) 에 :  양쪽 입꼬리가 최대한 양 끝으로 가게 근육이 당길 정도로 10초 이상 유지한다.

(ㄷ) 이 :  치아가 보이게 입을 다문 상태에서 입꼬리가 양 끝으로 당겨지게 10초 이상 유지한다.

(ㄹ) 오 :  입술을 동그랗게 모아서 입술에 힘이 들어가도록 10초간 유지한다.

(ㅁ) 우 :  입술을 쭉 내민 상태로 입술 위에 볼펜을 올렸을 때 떨어지지 않는다면 잘한 것이다.

각각의 발음에 10초간 입 모양을 유지하고, 익숙해지면 20초씩 유지한다. 주의 사항은 입 모양을 연출했을 때 입 주변의 근육이 당기거나 아프거나 자극이 반드시 주어져야 한다. 하루에 수시로 이 작업을 해야 그동안 잘못된 근육의 습관을 다시 고칠 수 있다. 이 작업은 근육 세뇌 훈련이다.

## 조음점 파악하기

발음이 안 좋은 사람 중에 실제로 구강 구조에 문제가 있는 경우는 사실 많지 않다. 잘못된 습관에 의해 혹은 조음 기관의 위치를 제대로 잡지 못해서, 또는 조음 기관과 그 주변 근육들을 통제하지 못해서 발음이 부

정확한 경우가 많이 있다. 내가 만약 특정 발음에 문제가 있다면 발음 에쭈드를 만들어서 연습해 보는 노력이 필요하다.

- '(ㄹ)' 조음점 : 일반적으로 쉽게 교정될 수 있지만 많은 사람이 실수하는 'ㄹ' 조음점의 위치를 알아보자.

 달리기 / 달력

위 두 단어는 'ㄹ' 조음점과 혀 강약 및 위치 조절이 두드러지는 발음이다. 'ㄹ' 발음의 혀의 위치는 앞니 바로 뒤에 혀끝을 대는 것이다. '달리기'와 '달력'은 둘 다 'ㄹ' 발음이 연이어 나오는데, 첫 글자 '달'은 조음점이 같지만 뒤에 나오는 받침 여부에 따라 혀의 힘이 달라지게 된다.

| Check Point | 본인이 정확한 발음을 하고 있는지 확인하기 위해서는 '달리기'와 '달력'을 각각 10회씩 읽으면서 본인의 입을 관찰할 수 있도록 촬영해서 보아야 제대로 파악할 수 있다. 혀가 치아 밖으로 나온다든지, 혀끝이 앞니 바로 뒤를 찍지 않고 옆으로 꺾어지는 경우가 많은데 본인이 어떤 유형인지 동영상을 보고 파악할 수 있다. |
| --- | --- |

### 발음 에쭈드

잘되지 않거나 어려운 발음의 단어들을 조합해서 문장을 만든 후 연습하는 것이다. 'ㄹ'과 'ㅅ' 연습을 위한 발음 에쭈드의 형태이다.

**예 ▶** 달리기를 좋아하는 사슴은 사자와 달리기 시합을 하기 위해 달력을 보고 달리기 시합 날짜를 잡았답니다.

## 발표 자세 교정 - 시선, 자세, 제스처

### (1) 시선

1. 한 명의 관객이 있는 경우 : 앞에 있는 관객의 눈을 바라본다.

2. 한 줄로 여러 사람이 있는 경우 : 처음에 가운데 있는 관객을 바라보고 왼쪽 사람으로 눈이 먼저 이동해서 바라보고 머리를 이동시킨다. 다시 눈이 먼저 가운데 관객에게로 이동한 후 머리도 가운데로 이동해 관객을 바라본다. 이어서 눈이 먼저 오른쪽 관객으로 이동한 후 머리도 자연스럽게 이동해서 관객을 바라본다.

이때 왼쪽 오른쪽으로 머리를 돌리는 각도는 약 15~20도 사이로 관객에게 얼굴 전체가 보일 수 있도록 해야 함을 주의한다.

3. 여러 줄로 여러 사람이 있는 경우 :  한 줄로 여러 사람이 있는 경우와 같은데, 이번에는 여러 줄이기 때문에 좌우로 이동하는 과정에서 앞뒤를 적절히 섞어서 전체 관객들과 한 번은 눈을 마주칠 수 있도록 하는 것이 핵심이다.

 눈과 머리의 이동 속도가 눈에 띄지 못할 정도의 간발의 차이여야 한다.

(2) 자세

1. 서 있는 자세 : 다리와 다리 사이에 나의 발 한쪽이 들어갈 수 있을 만한 넓이로 벌리고 선다. 손은 재봉선 쪽에 자연스럽게 늘어뜨린다. 상체는 아래의 관객에게 자연스럽게 말할 수 있도록 뻣뻣이 서지 않고 살짝 구부린 자세를 취한다.

2. 앉아 있는 자세 : 다리를 모으고 앉아서 손은 무릎 위나 책상 위에 살며시 올려놓는다.

(3) 제스처

• 손을 움직이는 자세를 취할 때는 허리 위쪽에서 손동작을 해야 한다.
• 허리 아래쪽에의 손의 움직임은 자신감이 없는 소극적인 모습으로 보일 수 있다.
• 손의 움직임이 크게 있을 때는 허리 위쪽에서 움직이되 각도는 45도 위에서 이루어져야 한다.
• 손을 45도 위에서 움직이다 멈출 때는 손이 몸통을 스치듯 자연스럽게 내려야 한다.

## 메르비안의 법칙The Low of Mehrabian

사람과의 관계에서 나의 의사를 정확히 전달하는 것은 굉장히 중요하다. 간혹 자신의 진짜 의도와는 상관없이 굳어진 언어 습관이나 표정에 의해 오해를 불러일으키는 경우도 종종 있다.

미국의 사회 심리학자 엘버트 메르비안 교수는 의사소통에서 상대방을 설득하는 주요 요인은 어떤 것인가에 대해 연구했다. 그는 의사소통을 크게 언어적인 메시지와 비언어적인 메시지로 나누고, 과연 언어적 메시지와 비언어적 메시지가 의사소통에 미치는 영향을 수치로 표현한다면 얼마나 될 것인가를 연구하였다. 그 결과는 1971년《침묵의 메시지》라는 저서에 처음 알려지게 되었다.

메르비안 교수는 의사소통의 영역을 크게 언어적 메시지와 비언어적 메시지로 나누고, 비언어적 메시지는 다시 시각적 메시지와 청각적 메시지로 나누었다. 그래서 의사소통을 언어적 메시지, 시각적 메시지, 청각적 메시지, 이렇게 크게 세 가지로 나누었다.

당신은 과연 이 세 가지 요소 중 어떤 메시지가 가장 강력한 영향력을 미친다고 생각하는가? 지금 잠깐 생각해 보는 시간을 가져보자.

많은 사람이 언어적 메시지가 가장 큰 영향을 미칠 것이라고 생각한다. 하지만 놀랍게도 의사소통에서 언어적 메시지가 차지하는 비율은 고작 7%에 불과했다. 시각적 메시지는 55%, 청각적 메시지는 38%를 차지해서 의사소통에서 비언어적인 메시지가 차지하는 비율은 93%로 압도적이었다.

**예>** 사랑해

**예>** 네

**예>** 안 돼~

**예>** 알았어

"모든 사람은 현란한 말솜씨보다 다정함(소박한 눈빛)에 끌린다."

"말 한마디로 천 냥 빚을 갚는다."라는 말들이 이를 뒷받침해 주고 있다.

### 표현력 향상을 위한 손 유희

(1) 손 유희의 목적

- 주의 집중
- 동기 유발
- 표현력 강화

손유희 하면 보통 수업 현장에서 주의 집중이나 동기 유발을 목적으로 활용한다. 그리고 어린이를 대상으로 주로 이루어지기 때문에 성인을 대상으로 강의하는 강사들이나 일반 성인들은 손 유희를 배울 필요성에 대해 느끼지 못하고 있는 게 현실이다. 하지만 손 유희는 어떻게 하느냐에 따라 어린이뿐만 아니라 성인들에게까지 큰 효과를 볼 수 있다. 손 유희를 수업 현장에서 활용하는 방법 외에 손 유희 자체를 배우는 과정에서 표현력이 향상되기 때문에 명강사 과정이나 의사소통 강의 과정에서 다루어져야 할 프로그램 중 하나이다.

그런데 많은 사람이 손 유희의 효과에 대해 잘 알지 못하는 부분이 있다. 그것은 바로 손 유희는 표현력을 최단 시간에 향상시킬 수 있는 교육 매체라는 점이다. 강사의 표현력은 강의의 성공 여부를 좌지우지할 수 있는 대단한 영향력을 갖고 있다. 일반인 또한 표현력은 대인 관계에서나 사회생활에서 막대한 영향력을 행사한다.

표현력을 높이기 위해서는
첫째, 화술이 좋아야 한다.
둘째, 표정이 일치해야 한다.
셋째, 말과 표정에 맞는 제스처가 있어야 한다.

이 세 가지가 갖추어졌을 때 맛있는 화술을 할 수 있고 강의에 감동을 줄 수 있다. 맛있는 화술을 하는 사람은 다른 사람들에게 긍정적인 에너지를 생기게 한다. 그로 인해 함께 있고 싶어 하고, 같이 일하고 싶은 마음을 일으키게 되어 대인 관계가 원만해지게 된다. 또한 상대방으로부터 자신이 원하는 바를 이끌어 낼 수 있는 설득력이 높아진다. 스피치에서 화술과 표정과 제스처의 중요성은 메르비안의 법칙에 의해서도 증명된다.

(2) 실감 나는 표현력 향상 훈련 손 유희*

• 울랄라 인사

안녕하세요 울랄랄라

반갑습니다 울랄랄라

감사합니다 울랄랄라

안녕히 가세요 울랄랄라

• 새끼 돼지야

새끼 돼지야 새끼 돼지야 당장 문을 열어라

아~안 돼요 안 돼 턱수염이라도 들어오면 콱 뽑아버리겠어요

그렇다면 내가 훅 불어서 확 밀어버리고 들어가겠다

---

* 기초 학력 향상 지원 사이트 꾸꾸 - 교원 전문성-교원연수-학습 동기 유발 및 교구 제작-손 유희를 활용한 수업(무료 동영상 강좌 - 강사: 홍미선)

**놀라운 마술 심리학**

(3) 손 유희를 활용한 수업

- 울랄라 인사법 안내
- 표현력 향상과 부끄러움 탈피, 자신감 강화 효과를 가져 올 수 있는 울랄라 인사
- 울랄라 인사의 학생 지도 시 유의점
- 울랄라 인사 실시 전 마인드 교육 실시 필요함
- 저학년의 경우 소극적인 아동들이 울랄라 인사를 못 하는 경우가 많음
- 고학년들의 경우 울라라 인사법을 유치하다고 생각하며 인사법을 안 하려는 학생들이 있음

(4) 손 유희 수업 사례 1차시 (울랄라 인사 팁 앤 스킬)

수업 시작할 때 울랄라 인사가 있는데, 울랄라 인사를 처음 배우는 아이들은 거부 반응이 있을 수 있다. 그래서 저학년 아이들에게도 울랄라 인사를 처음 소개할 때 사전에 잠깐 마인드 교육을 시켜주는 것이 좋다.

저학년의 경우는 고학년처럼 유치해서 안 하려는 것이 아니라 주로 소극적이고 부끄러워서 못하는 경우가 있다. 그러나 수업이 진행되면 될수록 몰입되어 동작에 자신감이 생기는 것을 볼 수 있다.

 역할 놀이로 사용해도 재미있는 손 유희

## 새끼 돼지야~!

❶ 울랄라 인사법 안내
❷ 손 유희와 관련된 발문 및 문제 제시
❸ 손 유희의 지도 시 유의점
❹ 손 유희 동작 설명법
❺ 손 유희 동작 연습 및 실천의 유의점
❻ 요술 부채를 활용한 학생 선정
❼ 선정된 학생에 대한 시범 기회 제공
❽ '오른팔'의 정의

| 수업 상황 상호 작용 멘트 | Tip & Skill |
|---|---|
| 친구들 모두 자리에서 일어나주세요.<br>울랄라라 인사를 하고 시작하도록 해요.<br>준비! 하나, 둘, 셋 액션!<br>"안녕하세요, 울랄라라!"<br>"반갑습니다, 울랄라라!"<br>네, 좋아요. 자리에 앉아주세요. | |
| 선생님이 뭐 하나 물어보겠는데요,<br>아기 돼지 삼 형제 동화를 알고 있나요?<br>아기 돼지 삼 형제에서 어떤 친구들이 나오는지 알고 있나요? | 새로 지도할 손 유희 관련 수수께끼나 다양한 관련 문제를 제시할 수 있습니다. |

첫째, 돼지 삼 형제
둘째, 벽돌
……

다른 친구들도 그렇게 생각하나요?
첫째 돼지, 둘째 돼지, 셋째 돼지, 벽돌
등 도구들이 나오겠지요.

오늘은 이렇게 무시무시한 늑대가 귀엽
고 조그마한 아기 돼지에게 갔어요.
"새끼 돼지야, 새끼 돼지야! 당장 문을 열
어라." 했대요. 그랬더니 이 새끼 돼지가
"어서오세요"라고 했을까요?
너무너무 무서워서 온 힘을 다해서
"안 돼요, 안 돼! 턱수염이라도 들어오면
확 뽑아버리겠어요." 그랬대요.

그랬더니 늑대가
"그렇다면 내가 훅 불어서 확 밀어버리
고 들어가겠어."라고 했대요.

친구들, 늑대와 아기 돼지로 변신해서 재
미있는 아기 돼지 삼 형제 손 유희를 배
워 볼건데요, 우리 친구들도 배워볼까
요?
그러려면 먼저 늑대로 변신해야 하는데
늑대로 변신하는 거 잘 모르겠지요? 선
생님과 함께 늑대로 변신하는 것을 배워
보도록 해요.

예를 들어 비닐 주머니 속에 벽돌을 넣
어 놓고 만져보게 한 후 "어떤 모양이
에요?", "무슨 느낌이에요?", "눈에 보
이지는 않지만 뭔가 인 거 같아요?"라고
발문한 후 생각나는 동화를 말해보도
록 할 수도 있습니다.

새로운 손 유희를 지도할 때 손 유희의
내용을 이야기하듯이 말하면서 시범을
보여주는 것이 좋습니다. 시범을 보여
줄 때 등장인물의 심리 상태를 이해할
수 있도록 자세한 연출을 보여 주시는
게 좋습니다.

손 유희 동작을 하나하나 자세히 알려
줘야 합니다.
또 왜 그렇게 동작을 표현해야 하는지
등장인물의 심리를 전달해줍니다.
심리 상태를 이해해야 생동감 있는 표
현이 나올 수 있기 때문입니다.
시범을 보여주고 아이들이 교사를 따
라 한 부분씩 따라 하게 한 후 교사와
아이들이 함께 처음부터 쭉 함께 해봅
니다.

모두 일어나서 늑대로 변신!
무시무시한 발톱을 세우고
다리는 구부리고
허리도 살짝 구부리고
얼굴은 아래를 보지 말고 앞을 보고
얼굴은 최고로 무섭게
얼굴이 웃고 있으면 무서울까요?
아주 무서운 얼굴로….

친구들과 함께 늑대로 변신!
선생님이 함께해 볼게요.
"새끼 돼지야, 새끼 돼지야, 당장 문을 열어라."
다시 한 번 하면서 액션을 다시 알려줌.
허리를 뒤로 했다가 앞으로 하게 함.(무섭게)

친구들과 함께
"새끼 돼지야, 새끼 돼지야, 당장 문을 열어라."
새끼 돼지들 옆으로 몸을 돌리고 놀라듯 얼굴에 두 손을 얹고(아야! 소리를 지르고 손은 떨면서) "안 돼요, 안 돼. 턱수염이라도 들어오면 확 뽑아버리겠어요."
(몸을 옆으로 돌린다)
다시 늑대로 변신.
"헉, 그렇다면 내가 훅 불어서 확 밀어버려서 들어가겠다."

지금부터는 처음부터 끝까지 함께 해볼 건데…(요술 부채를 보여줌.) 이 요술 부채가 어떤 친구가 제일 멋지게 잘하는지 펴졌다 부서졌다 합니다.
듣기도 잘하고 변신도 잘하는 친구들에게는 잘 펴지지만 그렇지 않은 친구들에게는 부서지고 만대요. 그럼 어떤 친구가 잘하는지 요술 부채가 보고 있어요.

처음부터 끝까지 함께 함.

우리 친구들 정말 잘했어요.

자리에 앉아주세요.
이제 드디어 요술 부채에게 물어보는 시간이 되었군요.

요술 부채야, 요술 부채야! 여기 앉아 있는 멋진 친구들이 많이 있는데, 어떤 친구가 가장 늑대처럼, 어떤 친구가 아주아주 겁에 질렸지만 씩씩하고 단호하게 절대 안 된다고 하다가 다시 무서워서 뽑아버리겠어요 이렇게 하는 여리고 씩씩한 아기 돼지로 변신을 잘했는지 그 친구에게서 쫙 펴지도록 해라. 둥둥둥~~~~~ 요술 부채로

이 친구 누구예요? ○○○친구네요. 이리 나와 보세요.

이때 보다 적극적으로 잘할 수 있도록 하기 위해서 요술 부채를 도입하게 됩니다.
요술 부채 대신 교사가 아끼는 지휘봉을 멋지게 꾸며서 사용해도 좋습니다.

요술 부채가 제일 잘하는 친구를 선정할 때 교사는 의도적으로 손 유희의 표정과 제스처의 디테일한 연기 부분을 자연스럽게 말하면서 아이들 주위를 돌아다니다가 제일 잘 표현한 친구에게 펴지도록 합니다.

이 친구에게서 잘 펴졌는데, 요술 부채
가 제대로 잘 펴졌는지 한 번 확인해볼까
요?
그 친구에게 다시 해보도록 한다.
부끄러워서 못하는 친구에게 용기를 내
도록 해주고 그래도 안 되면 다음 기회에
~~~
다른 친구들 지목해서 해본다.
부채로 확인해본다.

뽑힌 친구는 앞에 나와서 시범을 보여주
게 할 수 있는데, 이럴 경우는 적극적으
로 표현을 잘하는 친구를 뽑는 것이 좋
습니다. 제 실력을 발휘하지 못할 경우
다시 한 번 기회를 주거나 혹은 다음에
용기 내서 해 볼 수 있도록 하는 게 좋습
니다.

오른팔이 무슨 의미인지 궁금하셨지요?

오른팔은 임의로 만들어진 이름으로 아이들이 서로 하고 싶어 하는 반
장과 같은 존재나 서로 하고자 하는 활동을 할 수 있는 사람을 말합니다.
예를 들어 요술 냄비의 뚜껑을 열어 볼 수 있는 사람이라든지 간식 당번
같이 각 반에서 이루어지는 것들을 활용하시면 됩니다.


(5) 손 유희를 활용한 수업 - 2차시

• 손 유희를 활용한 수업 향상 강화법

• 학생 선정 활동에 대한 사전 설명

• 학생 선정 기준

손 유희 수업에 익숙해짐에 따라 수업 몰입도 향상

1차시 손 유희 수업 진행 → 2차시 손 유희 수업을 활용한 행동 강화


손 유희 새끼 돼지와 1차시의 내용을 잘 보셨나요?

2차시는 처음 손 유희를 지도하고 아이들이 손 유희에 익숙해질 때 2차시의 내용을 시도하시는 게 좋습니다.

그럼 자세히 살펴볼까요?

| 수업 상황 상호 작용 멘트 | Tip & Skill |
|---|---|
| 친구들 모두 자리에서 일어나주세요.<br>울랄라라 인사를 하고 시작하도록 해요.<br>준비! 하나, 둘, 셋, 시작!<br>"안녕하세요. 울랄라라"<br>"반갑습니다. 울랄라라"<br>정말 잘했어요. 자리에 앉아주세요.<br>지난 시간에 배운 새끼 돼지와 늑대 기억<br>나나요? | 손 유희를 활용한 수업 향상 강화법<br>1차시와 2차시의 아이들이 울랄라 인사를 보다 더 적극적으로 하는 모습을 볼 수 있다.<br>지속적이고 구체적인 칭찬이 필요 |
| 오늘은 늑대로 변신해서 가장 늑대처럼,<br>가장 아기 돼지처럼 변신을 잘하는 친구를 제일 마지막에 "들어가겠다" 하는 부분에서 선생님이 진짜로 늑대로 변신하여 들어가서 아기 돼지와 늑대로 변신하여 제일 잘하는 친구를 한 마리 잡아올 거에요. 아무나 잡아오지 않아요. 아무나 선택하지 않아요. "들어가겠다" 하고 잡 | 학생 선정 활동에 대한 사전 설명<br>손유희의 제일 마지막 부분에 "들어가겠다" 하는 부분을 하면서 교사가 한 명을 잡아서 앞으로 나오는 부분입니다. 그런데 사전에 반드시 아무나 시켜주지 않음을 주지시켜야 잡히는 것을 |

아오는 그 친구는 아기 돼지와 늑대로 최고로 변신을 잘했기 때문에 으뜸이를 시켜줄 거에요. 으뜸이는 반장 같은 역할입니다.
모두 자리에서 일어나보세요.
이제 늑대로 변신할 겁니다.

누가 누가 가장 늑대로 변신을 잘하는지 가장 무시무시한 늑대처럼, 겁에 질린 아기 돼지처럼 스탠바이 액션하면 변신하는 겁니다.

늑대로 변신!(아주 무서운 얼굴로 두 팔은 앞으로 내밀어 발톱을 세우고)
아기 돼지야, 아기 돼지야! 당장 문을 열어라.
아~~ 안 돼요, 안 돼~! 턱수염이라도 들어오면 확 뽑아버리겠어요.
그렇다면 내가 훅 불어서 확 밀어버리고 "들어가겠다."

교사는 늑대가 되어 한 친구를 잡아온다.

좋아하고 영광으로 알게 됩니다. 만일 이런 말이 없이 바로 가서 잡으면 당황스러워하거나 거부할 수도 있습니다.

학생 선정 기준
지난 시간보다 조금 더 노력하거나 태도가 좋아진 친구를 뽑는 것이 좋습니다. 이렇게 되면 평가 목적에 길든 아이들에게 학습 목표를 키워주는 데 도움이 될 수 있습니다.

## 자기소개 1분 스피치

- 내 이름은 무엇인가요?(예: 삼행시/에피소드/직장/나이/이름)
  🖊

- 마술 심리 상담을 알게 된 계기와 배우는 이유는 무엇인가요?
  🖊

- 마술 심리 상담을 배워서 어떻게 활용할 것인가요?
  🖊

- 내가 가장 재미있게 읽었던 책이나 가슴에 남았던 책은 무엇인가요?
  🖊

- 내 인생에 있어서 가장 재미있거나 행복한 순간은 언제였나요?
  🖊

- 내가 만약 마법에 걸린다면 하고 싶은 일은 무엇인가요?
  🖊

- 나는 지금 나의 미래를 위해서 무엇을 준비하고 있나요?
  🖊

 **마술 놀이 치료**

## 마술 치료란?

마술 치료는 놀이 치료의 하나로 볼 수 있다. 마술과 놀이 치료를 접목한 치료 기법으로 내담자가 자연스럽게 마술을 배우는 과정(마술 놀이)에서 치료적 접근에 의해 내담자가 느끼지 못하는 사이 목적의식과 주도성, 자신감이 향상되어 힐링 효과와 치료 효과가 나타나는 놀이 치료의 일종이다.

## 마술 치료에 활용된 심리 기법

### (1) 만족 지연 능력

만족 지연 능력은 더 큰 보상을 위해 당장의 유혹을 이기고 만족을 미루는 능력을 말한다. 흔히 만족 지연 능력을 알아보기 위해 마시멜로 실험을 하곤 한다.

만족 지연 능력은 마술 심리 상담에서 아주 중요하다. 마술이라는 것을 매개로 대상에게 마술을 보여주고 해법을 익혀 다른 사람에게 보여줄 수 있도록 하기 위해 만족 지연 능력 기법을 이용한다.

대상자들은 자기도 모르는 사이에 마술 도구를 받고 싶은 마음에 상담사의 말에 따라 마술을 익히게 되고, 부끄러움을 이기고 남에게 마술을 보여주게 된다. 마술 심리 상담사의 구체적인 행동 강령 메시지에 의해서 대상자들은 그에 맞는 행동을 하려고 자제하며 노력하는 모습을 보인다.

마시멜로 실험(자극과 자제력에 대한 연구 방법)

1. 아이에게 좋아하는 마시멜로를 보여주며 한 개를 먹고 싶은지 두 개를 먹고 싶은지 물어본다.
2. 책상 위에 마시멜로 한 개를 놓고, 선생님이 잠시 나가 있다가 다시 돌아올 때까지 기다리면 두 개를 먹을 수 있다고 말해준다.
3. 선생님이 돌아오기 전에 마시멜로가 먹고 싶을 때 종을 누르면, 마시멜로 한 개를 먹을 수 있다고 말해준다.
4. 어떤 선택도 정답은 없으며 아이가 원하는 대로 할 수 있도록 강요하지 않는다.
5. 10분이 되기 전에 벨을 누른 아이에게는 마시멜로 한 개를 주고, 10분이 될 때까지 먹지 않고 기다린 친구에게는 마시멜로 2개를 준다.

(2) 마술 치료 적용 예

신기한 마술을 보여준 후 아이들에게 묻는다.

"이 마술 도구 갖고 싶나요? 좋습니다. 여러분이 갖고 싶다고 하면 줄 겁니다. 하지만 아무나 주지 않습니다. 지금 이 마술 도구를 준다면 어떻게 하는지 모르기 때문에 이 귀한 마술 도구는 그저 쓰레기가 될 수 있습니다. 그래서 이 마술 도구의 주인님이 되실 만한 분에게 줄 건데요. 선생님이 지금부터 이 마술의 해법을 알려줄 거예요. 열심히 선생님 말에 따라서 해법을 익히는 친구에게는 이 도구를 줄 겁니다.

중간중간에 장난치지 않고 아주 열심히 하는 친구에게 어깨를 짚어주며 점수를 줄 건데요, 한 번 어깨를 짚을 때마다 1점입니다. 5점이 되면 마술 도구를 빌려 줄 거구요, 빌려준 마술 도구의 해법을 찾아서 연출할 수 있으면 통과가 되는 겁니다. 통과되면 5점을 받아서 드디어 집에 가져갈 수 있는 마술 도구의 주인님이 되는 겁니다. 어렵지 않아요. 선생님이 알려 줄 거니까요! 약속을 잘 지키는 친구에게 점수를 줄 겁니다.

오~! 여기 이 친구! 선생님이 말할 때마다 반짝이는 눈으로 선생님을 바라보며 고개를 끄덕이고 있군요. 이런 친구에게 1점을 줍니다. 우리 친구 1점입니다. 자 그럼 이제 점수를 한번 받아볼까요? 모두 자리에서 일어나세요."

마술 도구가 갖고 싶어서 정해진 시간 동안 목적한 점수에 도달하기 위해 지금 당장 장난치고 싶은 욕구를 자제하고 참는 것이다.

### 회피 동기와 접근 동기

인간이 어떤 행동을 하거나 하지 않는 행동에는 그럴 만한 동기가 있다. 바로 접근 동기와 회피 동기이다. 접근 동기는 좋아하는 것을 갖고 싶거나 하고 싶어 하는 욕구를 말한다.

**예 >** 마술 도구 갖고 싶니? 선생님 수업 시간에 허리 펴고 어깨 펴고 선생님이 말씀하실 때 절대 말하지 않는 친구들에게는 점수를 줄 거예요. 그 점수를 다 더해서 10점이 되면 그 친구에게는 마술 도구를 줄 겁니다.

회피 동기는 아주 싫어하는 일을 하지 않거나 당하지 않기 위한 동기이다.

**예 >** 친구들 우리에게는 40분의 시간이 있습니다. 12시 10분이 되기 전까지 10점이 되어야 마술 도구를 줍니다. 만약에 약속한 시간이 다 되었는데 9점이라면 과연 마술 도구를 받을 수 있을까요, 없을까요? 절대 받지 못합니다. 그런데 울면 어떻게 할까요? 그래도 안 줍니다. 10점이 되지 않으면 절대로 주지 않습니다. 울어도 절대 주지 않으니까 점수 관리 잘하시기 바랍니다.

대상자를 집중시키고 상담사의 말에 힘이 실리기 위해서는 무조건 상담사의 진심과 노력으로 다 된다고 생각하지 말아라! 이것이 수업 중 내담자의 심리를 활용한 밀당 지혜이다.

여기서 접근 동기는 수업이 끝나기 전에 10점이 되면 그토록 원하는 마술 도구를 받을 수 있는 것이다. 회피 동기는 10점이 되지 않으면 절대 마술 도구를 받지 못한다는 점! 이것이 되지 않기 위해 아이들은 10점이 되기 위해 노력한다. 이것이 바로 회피 동기와 접근 동기를 동시에 건드린 것이다.

마술 심리 상담에서는 동시에 회피 동기와 접근 동기를 다 건드려 줌으로써 상담사의 말에 집중하고 수업에 적극적으로 임하는 자세를 형성하게 한다.[*] 현실 속 회피 동기와 접근 동기의 예는 보험 상품이다.(실손 보험: 은퇴 설계 보험)

### 심리학적 Want와 Like[**]

Want와 Like의 차이점을 알고, 심리학적 Want를 긍정적 행동 강화에 활용하는 방법

want = like?

Want와 Like는 같은 뜻일까?

#### (1) want

모두가 갖고 있는 상황에서 나만 안 가지고 있을 때 불편함을 느끼면 그때 나타나는 심리가 want이다. 나만 안 가지고 있는 상황에서 불편함을 느낄 때 느끼는 심리 상태! 'WANT'

어떤 사람이 무엇을 원하는 모습만 보고 당연히 그것을 좋아한다고 생각하면 안 된다. 이것은 단지 Want일 수 있기 때문이다.

---

[*]  《지혜의 심리학》, 김경일, 진성북스, 2017. 3. 28.

[**]  《지혜의 심리학》, 김경일, 진성북스, 2017. 3. 28.

놀라운 마술 심리학

마술 치료에서의 want의 예

구체적으로 행동 강령을 언급한다.

"선생님은, 허리 펴고 어깨 펴고 반짝이는 눈으로 선생님을 바라보는 친구! 선생님이 말씀하실 때는 완전 집중하는 친구! 마술 멘트 연습할 때 부끄럽지만 꾹 참고 하나도 안 부끄러운 척하면서 큰 소리로 말하는 친구! 이런 멋진 친구들에게 중간중간 돌아다 니면서 요술 지팡이로 어깨를 짚어주고 Choice 하라고 할 거예요. one Choice 하면 여기 있는 쿠키를 한 개 드시면 되구요, two Choice 하면 여기 있는 쿠키들 중에서 두 개를 골라서 드시면 됩니다."

이때 수업 시간이라는 제한된 시간과 장소에서 자기 중심성이 강한 아이들은 자신은 받지 못하고 다른 여러 친구가 Choice 하는 것을 보면 자신만 못 받고 있다고 생각 하게 된다. 평소 과자나 초콜릿 같은 음식을 좋아하지 않았더라도 굉장히 먹고 싶은 want가 생성되는 것이다.

이런 인간의 Want 심리를 이용하면 물질이 풍족한 세상에 살고 있어 부족함이 없는 아이들에게 어떻게 보상 강화를 하면서 교육할 수 있을까에 대한 답을 찾을 수 있다.

그럼 LIKE와 어떻게 구분하는지 궁금할 것이다. 구분은 생각보다 간단하다.

수업이 끝나고 집으로 귀가한 상황에서도 수업 시간에 Choice 했던 쿠키가 먹고 싶다 면 그것은 Like인 것이다.

강화물을 주는데 아토피나 땅콩알레르기가 있는 경우

"친구들 혹시 아토피나 땅콩알레르기가 있는 친구가 있나요?

그 친구들은 지금 그동안 나에게 친절하게 대해줬던 친구들 중에서 땅콩 알레르기나 아토피가 없는 친구를 생각하세요.

잠시후에 쿠키 초이스에 선정이 되면 자기가 먹지 말고 지금 생각해 뒀던 그 멋진 친 구에게 3초안에 가서 주시기 바랍니다."

(2) like

일상에서는 내가 원하는 것이 내 인생에서 정말 중요한 것인지 검증해 볼 수 있는 기회이며, 나의 방향에 문제가 있다는 것을 깨달을 수 있다.

(3) WANT와 LIKE를 구분하는 방법*

원하던 것이 없을 때 어떤 불편함을 느끼는가?

> **예 >** 교실에 있을 때는 엄청 먹고 싶던 쿠키가 집에 가니까 생각도 안 나거나 쿠키
> 가 옆에 있어도 손도 안 대는 경우

이것은 기억하고 있느냐 여부를 검증하지 않아서이다. 그 물건이 없이도 잘 살 수 있는가가 문제이다. 원하는 것과 좋아하는 것을 따로 구분하는 습관은 당신이 원하는 것을 얻은 후에 밀려오는 허탈함을 예방할 수 있다.

어떤 것을 가지면 행복해지고 좋아질 것 같은 WANT를 느낄 때는 그 것을 가진 사람을 보고 있거나 만나고 있기 때문에 마음이 불편해서 그럴 수 있다.

나의 시간! 나의 자원! 나의 노력! 수많은 것들을 투자해서 내 것으로

* 《지혜의 심리학》, 김경일, 진성북스, 2017. 3. 28.

놀라운 마술 심리학

만들 가치가 있는지 없는지는 내가 진정 좋아하는 것인지 증명해 봐야 한다. 그렇다면 그것이 없이 사는 사람과 함께 살아보면서 그 사이에서도 그걸 원하고 있는지, 떠오르는지, 떠오르지 않는지를 확인할 필요가 있다.

원하다 ≠ 좋아한다

교실이라는 제한된 공간과 시간이기 때문에 Want와 Like를 활용한 행동 강화 기법이 가능하다.

마술 심리 상담은 마술이라는 매개체를 활용해서 강화를 진행해 간다. 순간적인 목적의식을 높여 주는 마술은 사람들의 WANT를 자극한다. 사람들의 마음에 WANT가 생기면 상담사가 원하는 방향으로 강화를 시키기 효과적인 환경이 된다. WANT를 위해 그들은 상담사가 지시하거나 강화하는 방향으로 따라갈 것이기 때문이다. 이 과정에 의해서 내담자들은 자신도 모르는 사이에 적극적으로 참여하게 되고 결국에는 마술을 다른 사람에게 보여주며 자신감과 발표력이 길러지고 그로 인한 자존감까지 향상되는 것이다.

## 동기 유발

동기 유발에는 크게 내적 동기 유발과 외적 동기 유발이 있다. 내적 동기 유발은 마음속 깊은 곳에서 스스로 우러나와서 어떤 행동을 하게 되는 것을 말하고, 외적 동기 유발은 외부의 보상에 의해 어떤 행동을 하게 되는 것을 말한다. 마술 심리 상담 현장에서는 내적, 외적 동기 유발을 수시로 자극하기 때문에 자신도 모르는 사이에 자신감을 가지고 당당하게 변화된다.

- 외적 동기 유발 – 점수제와 쿠키 선택, 머신 초이스
- 내적 동기 유발 – 개인 시간차 향상 변화 강화, 공개 칭찬

### 과잉 행동 아동 대처법

수업 시간에 과잉 행동으로 수업에 지장을 초래하는 학생들이 있다. 예를 들면 무언가를 해야 하는데 하지 않겠다고 하는 경우, 큰 소리로 이야기하거나 장난치는 경우, 수업에 방해되는 무례한 행동을 하는 경우 등이다. 이런 경우 바로 하지 말라고 경고하는 것은 오히려 역효과를 가져온다. 그 행동을 왜 하는지 목적을 파악해야 한다. 대부분의 경우 교사의 관심을 끌기 위한 목적이기 때문에 직접적으로 언급을 피하고, 주변에 열심히 수업을 듣고 있는 친구의 구체적인 모습을 설명하며 칭찬하는 것이 좋다.

**예 >** 다리를 떨고 웅얼거리며 수업을 방해하는 경우

시선은 반드시 아이를 바라보아서는 안 된다. 주변의 모범적인 아이를 바라보면서 구체적인 언급으로 칭찬을 해주면 효과가 나타난다.

"어머 우리 ○○이는 선생님이 이야기할 때 허리 펴고 어깨 펴고 다리도 안 떨고 입은 꼭 다물고 선생님을 아주 멋지게 쳐다보고 있구나~! 아주 멋져서 2점 주겠어요."

이렇게 주변의 모범적인 친구를 칭찬한 후에 과잉 행동을 아주 잠깐이라도 멈추면 상담사는 바로 그 상황을 파악해서 칭찬 강화와 함께 보상을 주는 것이 좋다. 이렇게 과잉 행동을 하는 경우는 관심 받고 싶은 마음의 표현일 경우가 많다. 그런데 관심을 받기 위해 반사회적 행동인 부적절한 표현을 하는 경우, 만족 지연 능력이 힘든 경우가 많다. 그래서 주변의 친구를 칭찬하고 자신에게 끝까지 관심을 가져 주지 않으면 일명 '수포자'(수업 포기자)가 될 수 있다. 수포자가 되는 것을 막기 위해 아무 때나 강화해서는 안 되고, 우연이라도 잠시 태도나 자세가 좋아졌을 경우 바로 공개 칭찬하는 것이 효과적이다.

### 부끄러움이 많고 자신감이 없는 아이 지도법(피그말리온 효과)

부끄러움이 많아서 마술 발표하기를 어려워하거나 연습하기를 힘들어하는 친구들이 있다. 이 친구들에게 가장 효과적인 방법은 다른 친구들과 절대 비교하지 않고 지난 수업 시간에 노력한 정도와 지금 이 시간 노력하고 있는 모습의 변화 정도를 구체적으로 설명하며 칭찬 강화를 하는 것이 좋다. 수업 시작 전이나 쉬는 시간에 조용히 격려와 지지의 말을 해주면 효과적이다.

**예 >** ○○아! 마술 연습하기 많이 힘들지? 아직은 작은 소리지만 노력하려는 모습이 아주 멋지고 고마워! 노력하는 모습이 좋아서 수업 시간에 우리 채원이에게 선생님이 점수 많이 줘버릴 거야~!

다양한 경우가 있지만 이런 경우 다른 아이들과 달리 자신에게 특별한 관심을 보여준 선생님에게 호감을 갖게 되고 그 호감 있는 선생님의 기대에 부응하고자 교사가 원하는 모습을 하려고 노력하게 된다.(피그말리온 효과)

## 집중력이 약하거나 산만한 아동

수업이 시작되어도 자꾸 집중을 못 하거나 개인적인 움직임을 보이는 친구가 있다면 집중을 시켜야 수업에 지장을 주지 않는다. 이러한 행동을 하는 원인은 아주 다양하기 때문에 문제 행동의 원인을 잘 찾아야 한다. 단순히 집중력이 약한 친구는 보상 강화를 통해 집중할 수 있는 시간을 늘리면서 집중 시간을 지속시켜가야 한다. 관심 받기 위해 일부러 돌출 행동이나 산만한 행동을 하는 친구들은 과잉 행동 아동 대처법을 따른다.

## 피그말리온 효과Pygmalion effect

피그말리온 효과는 다른 사람이 나에게 보내는 긍정적인 기대나 관심과 말이 기대처럼 좋은 영향을 미치는 효과를 말한다. 한국의 속담 중 "말이 씨가 된다."는 말과 "말에 힘이 있다.", "말하는 대로 이루어진다."와 비슷한 의미로 사용되고 있다. 자기 충족적 예언Self-fulfilling prophecy과 같은

놀라운 마술 심리학

말이다.

1968년 하버드의 교수 로젠탈은 미국의 초등학교 학생들을 대상으로 피그말리온 효과에 대한 실험을 했다.

1. 전체 학생을 대상으로 지능 검사를 실시했다.
2. 결과와 상관없이 무작위로 20%의 학생을 뽑는다.
3. 무작위로 뽑힌 20%의 학생 명단을 교사에게 우수 학생들이라고 말하며 전달했다.
4. 교사의 기대와 격려에 학생들은 부응하려고 노력했다.
5. 다시 지능 검사를 실시하자 해당 학생의 지능이 실제로 향상되었다. 명단에 오른 학생들에 대한 교사의 기대와 격려가 학생의 성적 향상에 실제로 영향을 미친다는 사실을 증명했다.

**낙인 효과** Stigma effect
한 번 나쁜 사람으로 찍히면 스스로 낙인을 찍어서 '나는 나쁜 사람이니까'라고 생각하고 나쁜 행동을 하게 되는 효과를 말한다.

## 파블로프 효과**

파블로프 효과는 교육 현장에서 교사들이 수업의 핵심 메시지를 전달할 때 학생들을 집중시키는 방법으로 고안되었다. 이는 반짝 마술 프로그램으로 수업 중 교사가 핵심을 전달하고 싶은 순간에 입으로 "빠바밤~ 빰빰빰 빠밤~!"이라고 말하며 뒤돌아서 머리띠나 안경 같은 코믹한 소품을 착용하고 학생들에게 보여준다. 이 신호는 바로 마술을 보여주는 신호이다. 짧지만 임팩트 있는 마술로 학생들의 집중을 이끌어낸 상황에서 오늘의 핵심 메시지를 전달하는 방식으로, 학생들의 장기 기억에 보존되도록 하여 학습 효과를 높이는 방법이다. 이런 활동을 지속적으로 하다 보면 학생들은 수업 중 교사의 "빠바밤~ 빰빰빰 빠밤~!"이란 소리만 들어도 집중하게 되는 효과를 가져 오게 되는데, 이것이 마술 치료의 파블로프 효과이다.

### 상대방의 마음을 여는 효과적인 상호 작용법

- 나의 마음을 말로 표현하는 I-massage를 전달한다.
- 상대방의 시각과 입장에서 생각해 본다.
- 자신의 감정을 표현했을 때 격려해 준다.(착한 아이컴플렉스/미움받을 권리)

---

** 초등학생의 학습 동기 유발을 위한 마술 프로그램 효과 검증 및 개발 - 반짝 마술프로그램, 홍미선, 원광대학교 대학원 석사학위 논문, 2012년

- 스스로 자유를 느낄 수 있게 해준다.
- 스스로 의사결정을 할 수 있도록 격려하고 지지한다.
- 스스로 선택한 일에 책임을 질 수 있도록 한다.
- 자기 통제 능력을 강화한다.
- 명령은 구체적으로 제시해준다.
- 임무를 줄 때는 하나씩 지시해준다.
- 긍정적인 말로 말한다.
- 훈육 시 감정에 치우치지 않고 평범한 목소리 톤으로 말한다.
- 상대를 존중하는 마음으로 대한다.
- 내담자의 발달 단계에 맞는 행동을 요구한다.
- 비언어적 메시지를 주의한다.
- 일관성 있게 행동하고 지도한다.

## ❸ 교육 마술

### 교육 마술이란?

마술은 사기일까, 속임수일까? 이렇게 질문하면 대부분 속임수라고 대답한다. 그렇다면 사기와 속임수의 차이점은 무엇일까? 이 둘의 차이가 분명히 존재한다. 만약 마술이 사기라면 마술사들이 가는 곳마다 경찰이 출동해야 할 것이다. 하지만 놀랍게도 경찰 학교에서도 마술사를 초대해 공연을 보기도 한다. 그렇다면 마술이 사기는 아니라는 건데, 그 둘의 차이는 뭘까?

사기와 속임수의 차이는 상대방에게 거짓을 이야기해서 상대방이 손해를 보고 내가 이익을 보면 사기이고, 거짓으로 인해 상대방이 손해를 보는 것이 없으면 속임수이다. 하지만 손해를 안 본다고 해서 남을 무조건 속이는 것은 바람직하지 않다. 마술은 단순한 거짓말이 아닌 과학의 원리나 트릭을 이용해서 관객에게 즐거움을 주는 연출이다.

교육 마술은 마술을 교육에 접목해서 교육을 쉽고 재미있게 전달하고, 쉽게 이해시키는 교수법의 하나이다.

### 교육 마술이 신기한 이유

콩 심은 곳에서 콩이 나와야 하는데 전혀 다른 것이 나올 때 관객은 놀라게 된다. 이런 연출을 가능하게 만드는 것이 바로 마술이다. 그렇기 때문에 많은 사람이 현실에서는 일어날 수 없는 기적 같은 상황을 보며

꿈과 희망을 가질 수 있다.

## 성공적인 마술을 위한 명품 관객 만드는 마인드 교육

명품 마술을 보기 위해서는 명품 관객이 있어야 한다. 그러기 위해 마술 공연 전이나 시연 전에 관객을 대상으로 반드시 마인드 교육을 해야만 성공적인 결과를 가져올 수 있다. 즉 명품 관객은 명품 마술사를 만든다.

마인드 교육은 명품 마술을 보기 위해 마술 관람에 관한 에티켓을 배우는 것으로 명품 관객이 되기 위해 지켜야 할 약속이다. 마술 시연 전에 반드시 관객에게 즐겁게 공연을 즐길 수 있는 명품 관객의 법칙을 안내하고 마술 공연을 시작해야 한다.

마인드 교육을 하지 않고 마술을 시작하는 것과 마인드 교육을 하고 마술을 보여주는 것의 차이는 관객이 공연을 즐기느냐, 해법을 찾으려고 혈안이 되느냐의 차이다. 관객들이 마술사의 실수를 잡아내려는 매의 눈이 되면 마술사의 공연 의지를 꺾게 되어 결국 관중들은 마술에 푹 빠져들어 힐링하기 어려워진다.

## 마술 연출 시 주의할 점

- 마술의 내용을 충분히 숙지한다.
- 메르비안의 법칙에 따라 비언어적 메시지를 잘 전달하도록 연습한다.
- 해법이 노출되지 않도록 충분한 연습을 한다.
- 자연스러운 연출을 위해 전신 거울 앞에서 연습한다.

- 마술의 액트를 짤 때 도입, 전개, 마무리 과정에 따라 마술 계획안을 작성한다.

## 명품 관객의 법칙

- 절대 의심하거나 해법을 찾으려 하지 말고 그냥 즐긴다.
- 마술사의 도구를 허락 없이 함부로 만지지 않는다.
- 신기한 마술이 나오면 박수와 환호를 한다.
- 시시한 마술이 나오면 더 큰 박수와 환호를 한다.
- 마술사가 말할 때는 완전하게 집중한다.('알고 있다.', '다시 해봐라', '다 보인다.'는 금지어!)

## 마술사의 철칙

- 마술 시연 전에 반드시 관객에게 마인드 교육을 한다.
- 마술 도구를 항상 철저히 소중히 관리한다.
- 마술의 해법을 마술 도구가 없는 사람에게 절대 공개하지 않는다.
- 마술사의 실수는 관객 탓이다! 항상 당당해야 한다.
- 마술의 해법을 충분히 익히고 연출 연습한 후 보여준다.

## 마술 용어

(1) magician's choice

마술할 때 관객이 어떤 것을 선택하느냐에 따라 마술사의 말이 달라지는 것을 말한다.

> **예 >** 동물 카드의 경우 뱀과 벌 중 관객이 하나를 선택하면 관객이 어떤 카드를 선
> 택했느냐에 따라 마술사의 말이 달라진다.
>    ·뱀을 선택한 경우 - 나는 당신이 뱀을 선택할지 이미 알고 있었습니다. 그 증
>          거를 보여드릴게요.
>    ·벌을 선택한 경우 - 나는 당신이 벌을 선택할지 이미 알고 있었습니다. 그 증
>          거를 보여드릴게요.
> 유사한 마술로는 셀렉트 카드, 신발 카드 등이 있다.

## (2) MISDIRECTION

마술사가 트릭을 감추기 위해 의도적으로 연출하는 시선이나 행동을
말한다.

### 마술의 종류

(1) 마술의 종류

• 클로즈업 마술    • 팔러 마술    • 스테이지 마술   • 일루젼 마술

(2) 교육 마술의 종류*

1. 라포 형성을 위한 마술

라포 형성이란 사전적 의미로 '의사소통에서 상대방과 형성되는 친

밀감 또는 신뢰 관계'를 말한다. 마술을 하기 위해서는 반드시 본인 이외의 관객이 한 명 이상 있어야 하고, 부드럽고 편안한 분위기에서 보다 효과적인 마술을 하기 위해서는 관객과의 친밀감 형성이 반드시 필요하다. 어떤 마술이든지 라포 형성 마술로 사용 가능하지만 단시간에 많은 사람에게 호기심을 불러일으킬 수 있는 마술로 선정하는 것이 효과적이다.

- 부채 마술   · 60카드


## 2. 동기 유발을 위한 마술

동기 유발은 사전적 의미로 '어떤 행동을 유발하는 것'을 말한다. 동기 유발 마술은 마술을 배우고 싶고 해법을 알아내고 싶은 의욕을 일으키게 하는 마술로, 배우고자 하는 의욕을 고취하거나 목적의식을 불러일으킬 때 효과적이다.

마술 도구들로는 굉장히 쉬워 보여서 마술사는 쉽게 하는데 본인이 해보면 잘되지 않는 도구들로 선정하는 게 좋다. 너무 어려워 보이면 도전 의식이 생기지 않고 '이 마술은 베테랑 마술사만 할 수 있는 거야!'라는 생각을 들게 해 도전 의식을 일으키기 어렵다. 이는 자신감과 만족감을 저하시키는 요인이 되기도 한다.

*  초등학생의 학습 동기 유발을 위한 마술 프로그램 효과 검증 및 개발-반짝 마술프로그램, 홍미선, 원광대학교 대학원 석사학위 논문, 2012년

**놀라운 마술 심리학**

동기 유발 마술은 교육 관련 주제 제시나 학습 목표를 상기시킬 때 활용한다. 교육 주제와 관련된 소품이 나오거나 카드가 나오게 해서 자연스럽게 교육 주제에 관심을 가질 수 있도록 한다.

동기 유발 마술은 단순히 주의 집중 마술처럼 집중만 시키는 효과뿐 아니라 교육 주제와 연관이 있어야 하므로 개발이 조금 더 까다롭다.

· 마술 고리(퍼즐링)   · 원더박스

## 3. 선택 마술

선택 마술은 많은 관객 중 한 명을 뽑을 때 쓰는 마술이다. 뽑힌 사람을 '체험 반장'이라 부르고 바로 마술 체험을 할 수 있게 하는 방법과 마음의 준비를 시킨 후 잠시 후 마술을 진행할 때 불러서 체험을 시키는 방법이 있다.

선택 마술의 핵심은 행동 강화와 교권 강화에 있다. 대부분 사람은 마술을 직접 체험해 보고 싶어 한다. 하지만 마술을 시연할 때 동시에 모두를 체험시킬 수는 없다. 그때 한 명을 뽑는 경우가 많이 있는데, 이때 그 한 명을 '누구로 뽑느냐?' 그 역할이 마술사 마음이다.

마술사는 자기를 시켜달라고 하는 친구를 절대 시켜주지 않는다. 상대방에게 휘둘리는 진행을 하는 것이 아닌 본인이 장악하고 수업을 진행해 가야 마술 심리 상담사로서의 자격이 생긴다. 이때 바른 행동 강령을 아주 구체적으로 이야기해야 한다.

· 요술 부채   · 세워지는 로프   · 요술 지팡이(케인)   · 마법의 장미(불)

・요술 전구    ・예언 마술    ・평행 구슬 마술    ・피에로 구멍 뚫기

**예 >** 아무나 시켜주지 않습니다. 허리 펴고 어깨 펴고 손 무릎 하면서 반짝이는 눈으로 선생님을 바라보면서 입은 꾹~ 다문 상태로 '선생님 마술이 너무너무 기대돼요! 얼른 보고 싶어요!'라고 눈으로 말하는 친구! 아는 마술이 나와도 절대 말하지 않고 웃으면서 고개만 끄덕이는 친구, 그런 친구를 시켜줄 겁니다.

TIP & SKILL

선택 마술은 수업 시간에 학생이나 그룹을 선택하거나 보상이나 강화물로 사용하는 마술로, 학생들의 수업 태도, 수업 집중도, 수업 몰입도를 오랜 시간 지속시키는 데 효과적이다.

선택 마술은 수업 중 강화를 목적으로 발표할 학생이나 모둠, 혹은 반장을 뽑는 데 활용한다.

주의 집중 마술, 동기 유발 마술, 수행 평가 마술에 비해 선택 마술은 교사가 학생들에게 자신이 원하는 학생상을 구체적으로 제시해 주는 것이 중요하다.

구체적인 행동 지침을 알려줘야 학생들이 교사가 원하는 방향대로 행동을 수정하고 교정할 수 있으며, 교사가 이때 조금이라도 좋아지거나 노력하는 학생을 찾아서 즉각적이고 신속하게 적절한 보상을 하면 효과가 크다. 선택 마술의 종류는 예언 마술, 평행 구슬 마술, 피에로 구멍 뚫기, 요술 부채 마술 등이 있다.

**보상**으로 주어지는 마술 도구는 평행 구슬 마술 도구나 피에로 구멍 뚫기같이 학생들이 도구를 받아도 쉽게 해법을 찾을 수 없는 도구들로 선택하는 것이 효과적이다.

그래야 원리를 알아내고 싶은 호기심을 자극해 모든 학생이 도구를 받아볼 기회를 얻고자 노력하고 그로 인해 수업 분위기가 적극적이고 참여적으로 되기 때문이다.

놀라운 마술 심리학

## 4. 수행 평가 마술

수행 평가의 사전적 의미는 '학생의 학습 과제 수행 과정 및 결과를 직접 관찰하여 그 관찰 결과를 전문적으로 판단하는 일'을 말한다. 마술 심리 상담에서 수행 평가 마술은 수업 시간에 배운 내용을 학생들이 잘 이해하고 기억하고 있는지를 알아보는 마술로, 수업 마무리 단계에서 수행 과제를 마친 대상에게 보상으로 체험하게 할 수 있다. 또한 그 시간에 배운 내용이 뭔지 질문하고 답하면 정답을 마술로 확인해 보며 수행능력 평가용으로 활용할 수도 있다. 이 과정은 정답을 장기기억으로 보존하게 하는 효과가 있다.

| | | | |
|---|---|---|---|
| · 마술 고리 | · 우드 퍼즐 | · 원기둥 뿔 | · 카드 찾는 토끼 |
| · 마법의 미라 | · 요술 부채 | · 미라클 다이스 | · 기분 알아맞히기 |
| · 회전 링 | · 딜라이트 | · 퀴즈 펜슬 | · 시간 알아맞히기 |
| · 게쓰씽킹 | · 천생연분 마술 | | |

**예1>** 정해진 시간 내에 과제(예: 수학 문제 풀기)를 수행한 학생에게 마술 도구를 체험해 볼 수 있는 시간을 주는 것이 있다.

**예2>** 임진왜란은 몇년에 일어 났지요? 물으면 1592년이요 라고 답이 나오게 하는 천생연분카드마술 기법을 활용해서 오늘 배운 핵심메세지를 알고 있는지 체크해 보는 마술이다.

## 5. 소통 마술

소통의 사전적 의미는 '막히지 않고 잘 통함. 뜻이 서로 통하여 오해가 없음.'이다. 소통 마술은 마술사 혼자서 일방적으로 보여주는 마술이 아닌, 관객과 상호 작용하면서 주거니 받거니 이야기를 하면서 진행하는 마술로, 팔러 마술에 해당한다.

· 냄비 마술    · 60카드 마술    · 아쿠아 마술    · 예언 마술

## 6. 집중력 강화 마술

'강화'의 사전적 의미는 '세력이나 힘을 강하고 튼튼하게 함', '수준이나 정도를 높인다'는 의미가 있다. 집중력 강화 마술은 집중력을 보다 더 강하게 할 수 있는 마술이다.

## 7. 소품 활용 주의 집중 기술 프로그램

소품 활용 주의 집중 기술 및 도구는 교사가 수업 시간에 마술을 보여주기 직전에 반짝 마술사로 변신하기 위한 변신 기술 및 도구이다. 반짝 마술사란 마술을 보여주기 직전에 변신용 소품을 착용해서 교사가 변신하는 것을 말한다.

소품 활용 기술은 수시로 잠깐잠깐 집중을 시킬 때 수업 분위기를 유쾌하게 만들어 수업을 효과적으로 하기 위해 사용하였다. 또한 수업 중간중간 엽기적이고 개성 있는 도구들을 활용해서 학생들의 호기심을 자극하고, 수업 분위기를 유쾌하게 만들어 수업의 효과를 높일 수

있다. 소품 활용 주의 집중 기술 구성 중 반짝 마술사 효과음은 반짝 마술사로 변신하기 위한 변신용 소품을 착용하고, 동시에 마술을 보여주기 직전에 입으로 효과음을 낸다. 효과음은 입으로 '빠바밤~ 빰빰빰 빠밤~!'이다. 이로 인해 파블로프 효과를 가져올 수 있다.

 •소품 엽기 안경　•폭탄 가발　•캐릭터 머리띠　•망토　•넥타이


## 8. 주의 집중 마술 프로그램

주의 집중 마술 프로그램이란 수업 중 교사가 전달하고자 하는 메시지를 효과적으로 전달하기 위해 학생들의 호기심을 유발시켜 주의를 집중시키는 마술을 말한다. 주의 집중 마술 프로그램은 수업 중 잠깐 주의를 집중시킬 때 활용하고, 적용은 모든 수업 시간(수업 시작, 수업 중, 수업 마무리)에 이루어질 수 있다. 대부분의 마술이 주의 집중 마술에 해당하기 때문에 향후 개발의 소재가 많다.

 •마술 고리　•빠지지 않는 링　•천생연분 카드　•기분 알아맞히기


## 9. 목적의식 고취 마술

목적의식의 사전적 의미는 '자기 행위의 목적에 관한 뚜렷한 자각'이라는 뜻으로 목적의식 고취 마술은 신기한 마술을 보고 '아! 나도 저 마술 배우고 싶다!, 내가 저 마술의 해법을 알고 말겠어!'라는 목적의식을 저절로 생기게 하는 마술을 말한다.

 •마술 고리　•원더박스　•빠지지 않는 링

· 우드 퍼즐  · 컵앤볼  · 바퀴벌레 스틱

## 10. 팔러 마술

관객과 소통하며 진행하는 마술로 길거리 마술이나 공연 시 관객을
불러 함께 상호 작용하며 진행하는 마술이다.

## 11. 클로즈업 마술

클로즈업의 사전적 의미는 '영화나 텔레비전에 등장하는 배경이나
인물의 일부를 화면에 크게 나타내는 일, 또는 돋보이기, 부각, 확대'
이다. 클로즈업 마술은 소수의 사람과 삼삼오오 가까이에서 진행되
는 마술로 멀리서는 보이지 않거나 진행이 불가한 마술이다.

· 폭탄 주사위  · 납작해지는 주사위  · 미스테리 다이스

· Esp 카드  · 링앤로프  · 통 속에서 풀어지는 나사

· 미니 햇  · 라이트 하우스 덱  · 씽킹 넘버 테스트 카드

## 12. 스테이지 마술

무대 위에서 진행하는 마술로 멀리서도 무슨 마술인지 잘 보이고 이
해할 수 있는 마술이다.

· 요술 모자  · 대형 빨대  · 드림백  · 칼라체인지 스카프

· 요술 냄비  · 스케치북  · 팬티 마술  · 마중물 마술

· 튀밥 마술  · 우유컵 마술  · 사탕 책 마술

**놀라운 마술 심리학**

## 13. 행동 강화 마술(체험 반장 마술)

행동 강화의 사전적 의미는 행동과 강화가 합쳐진 말로 행동의 사전적 의미는 '몸을 움직여 어떤 일을 함'의 뜻이고, 강화의 사전적 의미는 '세력이나 힘을 더 강하고 튼튼하게 함'이라는 의미이다. 행동 강화는 바람직한 행동이 더 많이 나타날 수 있도록 자극하는 마술로, 바람직한 행동을 했을 때 체험 반장으로 선정해 줘서 마술 체험을 할 수 있게 하는 마술이다.

- 미라 마술    · 예언 마술    · 셀렉트 카드    · 미스테리 다이스
- 신발 마술    · 예언의 칩    · 부채 마술    · 프리딕션 미니룰렛


## 14. 심리 마술

심리 마술의 사전적 의미는 '사람의 심리 상태를 간파하거나 이용하는 마술'을 말한다. 심리 마술은 다른 사람의 생각이나 마음을 알아맞히는 마술이다.

- 예언 마술    · 텔레파시 마술    · 거미 마술
- 선택 마술    · 장보기 마술 등


## 15. 예언 마술

예언 마술의 사전적 의미는 '앞으로 다가올 일을 미리 알거나 짐작하는 마술'로 심리 마술의 일종이다.

- 셀렉트 마술    · 동물 카드 마술    · 신발 마술

・장보기 마술　　・선택 마술

## 16. 생활 마술

생활 마술은 일상생활용품을 가지고 보여주는 마술을 말한다.

・장보기 마술　　・고무줄 마술　　・나무젓가락 마술

・빨대 마술　　・동전 마술

## 17. 수학 마술

수학 마술은 수의 원리를 이용한 마술을 말한다.

・씽킹넘버 테스트 마술　　・60카드 마술　　・암산 마술

・미스테리 다이스 마술　　・블랙 암산통 마술

## 18. 과학 마술

과학 마술은 과학의 원리를 이용한 마술을 말한다.

・신기한 상자　　・우유컵 마술　　・미라　　・드롭링

・333 카드　　・신문지 마술　　・미러 글러스 마술

## 19. 자신감 강화 마술

마술을 통해 자신감이 향상되는 마술

・지퍼 체인지백

## 20. 바른 언어 사용을 위한 마술

- 캐릭터 프리딕션    · 용기의 꽃

*chapter 3*

# 마술 심리 상담의 현장 속으로 GO! GO!

## 🍀 상황별 멘트

### 실전 마술 멘트

(1) 마술 목록

| | | | | | |
|---|---|---|---|---|---|
| 1 | 60카드(숫자 알아맞히기) | 2 | 퍼즐링(마술 고리) | 3 | 원더박스<br>(열리지 않는 상자) |
| 4 | 요술 부채 | 5 | 케인(요술 지팡이) | 6 | 신기한 상자 |
| 7 | 꽃과 스카프 | 8 | 머니 프린터 | 9 | 부다 미스테리 |
| 10 | 요술 냄비 | 11 | 우유컵 마술 | 12 | 마법의 미라 |
| 13 | 링앤 로프 | 14 | 셀렉트 카드(모양 예언 카드) | 15 | 드롭링(목걸이) |
| 16 | 지퍼 체인지 백<br>(요술 주머니) | 17 | 피에로 카드 뚫기 | 18 | 카드 찾는 토끼 |
| 19 | 미스테리 다이스<br>(주사위통) | 20 | 마법의 시계<br>(시간 알아맞히기) | 21 | 딜라이트 |
| 22 | 퀴즈 펜슬 | 23 | 아쿠아(마술 가루) | 24 | 컵 앤 볼 |

| 25 | 폭탄 주사위 | 26 | 씽킹 넘버 테스트 카드 | 27 | 333 카드 |
|----|-----------|----|---------------------|----|---------|
| 28 | 하트 스폰지 | 29 | 컬러 체인지 CD | 30 | 마법의 잉크 |
| 31 | 그림이 변하는 카드 | 32 | 우주 비행선 | 33 | 신기한 컵 |
| 34 | 마술책 | 35 | 레인보우 칩(색깔 칩) | 36 | 추스틱 |
| 37 | 재생 카드 | 38 | 일주일 카드 | 39 | 도미노 카드 |
| 40 | 공중부양 컵 | 41 | 투명 구슬 | 42 | 큰 카드 |
| 43 | 평행 구슬 | 44 | 프롬 핸드 무브(춤스틱) | 45 | 환타스틱 카드 |
| 46 | 요술 화분 | | | | |

## (2) 멘트 목록

### 1. 60 카드 (숫자 알아맞히기)

안녕하세요. ○○○ 마술사입니다.

1에서 60중에 당신이 좋아하는 숫자 하나를 적고 접어주세요.

네, 그럼 그 숫자가 이 카드에 있나요?

이 카드에는요? 이 카드에는요?(6장 모두 보여준다.)

네, 당신이 선택한 카드는 ○○입니다.

맞습니까?

네, 지금까지 ○○○ 마술사였습니다. 감사합니다.


### 2. 퍼즐링 (마술 고리)

안녕하세요. ○○○ 마술삽니다.

여기 꽁꽁 묶여있는 쇠고리가 있는데요, 한번 풀어보세요.

잘 안 되시나요? 그럼 제가 해 볼게요.

풀려라 풀려라 얍!

네, 고리가 순식간에 풀렸네요. 어때요? 신기하죠?

지금까지 ○○○ 마술사였습니다. 감사합니다.


## 3. 원더박스 (열리지 않는 상자) 1

안녕하세요. ○○○ 마술삽니다.

여기 투명한 상자가 있는데요, 아~ 쇠사슬로 꽁꽁 묶여있는 보물 상자네요. 상자 속에(돈·사탕·초콜릿) 수수께끼 정답이 들어 있는데요, 반드시 구멍을 뚫거나 흔들지 않고 저처럼 옆으로 열어보세요.

저는 1초 만에 열었지만 특별히 여러분에게는 3초의 시간을 드리겠습니다.

자, 열어보세요. 3초 안에 여시면 상자 속 ○○을 다 드리겠습니다.

잘 안 되시나요? 제가 한번 열어보겠습니다.

열려라 참깨!

네~ 역시 순식간에 열리고 말았네요.

다시 한 번 기회를 드리면 열 수 있으시겠습니까? 그럼 이번에는 몇 초의 시간을 드릴까요?

좋습니다. 특별히 5초의 시간을 드리겠습니다.

5, 4, 3, 2, 1!

안타깝습니다. 타임 오버입니다. 감사합니다.

### 3-1. 열리지 않는 상자 2

제가 상자를 하나 가져왔는데요, 이 상자를 흔들거나 구멍을 뚫지 않고 저처럼 옆으로 여시면 상자 안의 물건을 다 드리겠습니다.

5초의 시간을 드릴게요.

5, 4, 3, 2, 1!

아~타임 오버입니다. 안타깝네요.

지금까지 요술 상자 주인 ○○○였습니다. 감사합니다.


### 4. 요술 부채

여기 부채가 있는데요, 한번 펴볼까요?

어? 고장 난 부채였네요. 그럼 주문을 걸어서 부채를 고쳐보겠습니다.

부채야 부채야 요술 부채야~! 고쳐져라 고쳐져라 얍!

네 지금까지 수리수리 마술사 ○○○였습니다. 감사합니다.


### 5. 케인 (요술 지팡이)

안녕하세요. ○○○마술삽니다.

저에게는 아주 소중한 요술 지팡이가 하나 있는데요, 한번 보여드릴까요?

나와라 나와라 요술 지팡이!

어때요? 제 지팡이 멋지죠?

지금까지 ○○○ 마술사였습니다. 감사합니다.

## 6. 신기한 상자

안녕하세요. ○○○ 마술삽니다.

여기 아무것도 없는 상자가 있는데요, 휴지를 찢어서~ 돌리고~ 구
겨서 넣어볼게요. 이제 주문을 걸어볼게요.

알라깔라~마깔라까~ 얍!

네! 놀랍게도 찢어진 휴지가 붙었네요.

지금까지 ○○○ 마술사였습니다. 감사합니다.


## 7. 꽃과 스카프

안녕하세요. ○○○마술삽니다.

여기 아무것도 없는 스카프가 있는데요, 제가 주문을 걸어볼게요.

나타나라~나타나라~얍!

네! 예쁜 꽃이 나왔네요.

역시 스카프에는 아무것도 없구요.

강력한 주문을 걸면, 와우! 또다시 예쁜 꽃이 나오고 말았습니다.

감사합니다.


## 8. 머니 프린터

안녕하세요. ○○○마술삽니다.

여기 머니 프린터가 있습니다. 이 종이를 넣어 보겠습니다.

어? 돈이 나오고 있네요? 위조지폐인지 확인해 볼까요?

네, 진짜 돈이네요.

지금까지 ○○○ 마술사였습니다. 감사합니다.


## 9. 부다 미스테리

안녕하세요, ○○○ 마술삽니다.

혹시 돈 있으신가요?

네, 이 돈을 여기에 넣고 싸보겠습니다.

나와라 나와라 ~ 짠!

네, 돈이 사라졌네요. (네, 천 원이 만 원이 되었네요.)

어때요? 신기하죠?

지금까지 ○○○ 마술사였습니다.


## 10. 요술 냄비

안녕하세요. ○○○ 마술삽니다.

네, 여기 아무것도 없는 그릇이 있습니다.

이 휴지를 좍좍 찢어서 그릇에 넣어주세요.

감사합니다. 이번엔 마법의 물약을 넣고 불을 붙여보겠습니다.

네, 불이 타오르는군요.

타올라라 타올라라 활활 타올라라.

어? 종이를 넣었는데 (사탕/피자)이 나왔네요? 한 번 더 해 볼까요?

이번에도 휴지를 넣고 불을 붙여보겠습니다.

네, 역시 활활 타오르는군요.

와우! 이번에는 ○○가 나왔습니다. 정말 신기한 요술 냄비죠?

네, 지금까지 ○○○ 마술사였습니다. 감사합니다.


## 11. 우유컵 마술

안녕하세요. ○○○ 마술삽니다.

제가 우유 한 잔을 가져왔는데요, 이 신문에 조금 따라 보겠습니다.

어? 분명 우유를 따랐는데 신문지가 젖지 않았네요.

우유는 어디로 간 걸까요?

지금까지 순간이동 마술의 달인 ○○○였습니다. 감사합니다.


## 12. 마법의 미라

안녕하세요. ○○○ 마술삽니다.

여기 빨강 파랑 노랑의 미라가 있습니다.

당신이 원하는 색깔의 미라를 이 관 속에 넣고 나머지는 숨기세요.

그러면 제가 당신이 관 속에 넣은 미라의 색깔을 맞춰보겠습니다.

숨기셨나요?

네, 미라의 영혼이시여! 저에게 힘을 주소서!

네, 당신이 숨긴 미라는(당신의 양말 색과 같은 빨간색) ○○색입니다.

확인해 볼까요? 맞죠?

지금까지 ○○○ 마술사였습니다. 감사합니다.

## 13. 링앤 로프

제가 지금 보여드릴 마술은 눈 깜짝할 사이에 일어납니다.

눈을 크게 뜨시고 잘 보시기 바랍니다.

여기 아무 이상이 없는 링과 로프가 있는데요, 링을 잘 잡고 계세요.

알라~깔라~마깔~라까~얍!

네! 놀랍게도 로프가 순식간에 링을 통과했네요.

지금까지 ㅇㅇㅇ 마술사였습니다. 감사합니다.


## 14. 셀렉트 카드 (모양 예언 카드) 1

안녕하세요. ㅇㅇㅇ 마술삽니다.

여기 동그라미, 세모, 네모 카드가 있습니다.

당신이 원하는 모양 하나를 선택하세요. 택하셨나요? 어떤 모양 카드인가요?

네, 저는 당신이 별을 선택할지 알고 있었습니다.

그 증거를 보여드리겠습니다.

나와라 나와라 증거야 얍!

네, 여기 "당신은 별을 선택합니다."라고 씌어있지요?

다른 카드도 확인해 볼까요?

네, 아무것도 없네요.

지금까지 예언 마술사 ㅇㅇㅇ였습니다. 감사합니다.

## 14-1. 셀렉트 카드 2

안녕하세요. ○○○ 마술삽니다.

여기 동그라미, 세모, 별 카드가 있는데요, 어떤 카드가 맘에 드시는지요?

네, 저는 당신이 동그라미 카드가 맘에 드실지 이미 알고 있었습니다. 그 증거를 보여드릴까요?

자 짜잔~! 어때요? 신기하죠?

지금까지 예언 마술의 달인 ○○○였습니다. 감사합니다.

## 15. 드롭링 (목걸이)

안녕하세요. ○○○ 마술삽니다.

제 목걸이가 부서졌네요. 어쩌죠? 하지만 걱정하지 마세요. 사실은 제가 초능력자거든요. 그런데 당신의 콧기름이 필요해요. 좀 주시겠어요?

네, 고맙습니다.

목걸이야 목걸이야! 걸려라 걸려라 얍!

네, 제 목걸이가 고쳐졌네요.

지금까지 ○○○ 마술사였습니다. 감사합니다.

## 16. 지퍼 체인지 백 (요술 주머니)

안녕하세요. ○○○ 마술삽니다.

여기 주머니가 있는데요, 제가 당신에게 드릴 선물을 넣어왔어요.

어! 그런데 아무것도 없네요. 놓고 왔나 봐요.

아하! 제가 주문을 걸어서 당신에게 드릴 선물을 다시 가져오도록 해 보겠습니다.

나와라 나와라 얍!

네, 맛있는 초콜릿이 나왔네요. 맛있게 드세요.

지금까지 ○○○ 마술사였습니다. 감사합니다.


## 17. 피에로 카드 뚫기

안녕하세요. ○○○ 마술삽니다.

여기 구멍이 막힌 피에로가 있습니다. 이 카드를 넣고 구멍을 뚫어보 겠습니다.

네, 구멍이 뚫렸네요. 이쑤시개가 통과된 게 보이시지요?

어! 카드를 빼니 피에로 입이 다시 막혔네요.

지금까지 ○○○ 마술사였습니다. 감사합니다.


## 18. 카드 찾는 토끼

안녕하세요. ○○○ 마술삽니다.

여기 토끼 카드가 있습니다. 토끼가 무엇을 들고 있나요?

네, 당근을 들고 있네요.

토끼 머리 위에는 많은 카드가 있지요?

이 카드들 중에서 7하트 카드를 찾아보라고 해보겠습니다.

토끼야, 토끼야! 이 카드들 중에서 7하트 카드를 찾아보아라.

네, 당신의 사인이 필요하다네요. 사인 좀 해주실래요?

감사합니다.

짠! 네, 당신이 사인한 카드인데 그림이 7하트만 있군요.

정말 대단한 토끼죠?

지금까지 ○○○ 마술사였습니다. 감사합니다.


### 19. 미스테리 다이스 (주사위통)

안녕하세요. ○○○ 마술삽니다.

이게 뭔지 아십니까?

네, 주사위지요.

주사위에는 1에서 6까지의 숫자가 있습니다. 당신이 좋아하는 숫자가 위로 올라오게 이 통에 넣고 뚜껑을 덮으세요. 그럼 제가 그 숫자를 맞춰보겠습니다. 음~잘 모르겠네요.

아! 알았습니다. 당신이 선택한 숫자는 홀수입니다. 그중에서도 가장 작은 수 1입니다. 확인해 볼까요?

네, 지금까지 ○○○ 마술사였습니다. 감사합니다.

## 20. 마법의 시계 (시간 알아맞히기)

안녕하세요. ○○○ 마술삽니다.

여기 시계가 있습니다.

당신이 시간을 맞추면 제가 그 시간을 맞춰보겠습니다. 맞추셨나요?

네, 당신이 맞춘 시간은 ○시입니다.

확인해 볼까요?

지금까지 ○○○ 마술사였습니다. 감사합니다.


## 21. 딜라이트

안녕하세요. ○○○ 마술삽니다.

어, 여기 귀에 뭐가 있네요. 한번 꺼내볼까요? 어? 손가락에 불이 붙었네요. 옮겨보겠습니다. 어? 눈으로 들어갔어요. 어? 귀로 나오고, 어? 입으로 들어갔다가 엉덩이로 나오는군요.

즐거우셨나요?

지금까지 ○○○ 마술사였습니다. 감사합니다.


## 22. 퀴즈 펜슬

안녕하세요. ○○○ 마술삽니다.

여기 끈이 달린 연필이 하나 있는데요, 끈이 연필보다 짧군요.

자, 엄지 검지를 떼지 말고 연필을 밖으로 빼보세요. 잘 안 되시나요? 그럼 제가 해볼게요.

알라깔라 마깔라까 빠져라 빠져라 얍!

네, 짜잔! 순식간에 연필이 나왔죠? 어때요? 신기하죠?

지금까지 ○○○ 마술사였습니다. 감사합니다.


### 23. 아쿠아 마술 (마술 가루) 1

안녕하세요. ○○○ 마술삽니다.

네, 여기 컵이 있네요. 물을 한 잔 마셔야겠습니다. 어? 그런데 물이
어디 갔죠? 방금 따랐는데…. 방금 물 따르는 거 보셨죠? 다시 따라
마셔야겠네요. 어? 이번에도 없네요?

하하하! 사실은 제가 물을 없애는 마술을 한 거랍니다.

지금까지 ○○○ 마술사였습니다. 감사합니다.


### 23-1. 약속 마술 (마술 가루) 2

안녕하세요. ○○○ 마술삽니다.

약속을 잘 지키실 수 있는 분 한 분 나와 주시기 바랍니다. 이 마술
은 약속을 지키지 않으면 엄청난 일이 일어나는 마술인데요, 약속을
잘 지키실 준비가 되었나요?

네, 그 약속은 바로 제 말을 잘 듣는 겁니다.

이제 제가 시키는 대로 하셔야 합니다.

자, 이 컵을 머리에 들고 계시고 이제 눈을 감아주세요. 눈을 감고
10바퀴를 돌아주세요. 저도 함께하니 걱정 마세요.

한 바퀴…… 열 바퀴.

네, 이제 제가 시키는 대로 컵 속의 물을 들어서 머리에 부어주시기 바랍니다. 하나둘셋 하면 머리에 부어주세요. 반드시 정수리에 부으셔야 합니다. 준비되셨지요?

아하~! 그런데 당신의 심장은 왜 이렇게 뛰는 걸까요? 하하!

하나, 둘, 셋!

네! 놀라운 일이 생겼지요? 어머 물이 사라져 버렸네요.

약속을 잘 지키니 물이 사라져 버렸습니다. 감사합니다.


## 24. 컵 앤 볼

안녕하세요. ○○○ 마술삽니다.

여기 컵 세 개와 공 세 개가 있는데요, 컵 위에 공 한 개를 올리고 컵을 쌓아볼게요.

통과되라~ 통과되라~ 얍!

네! 놀랍게도 공이 통과되었네요. (2번 더)

지금까지 순간이동 마술사 ○○○였습니다. 감사합니다.


## 25. 폭탄 주사위

여기 주사위 한 개가 있는데요,

이 주사위는 바로 폭탄 주사위예요. 어? 폭탄이 터질 시간인가 봐요.

하나, 둘, 셋, 펑!

네, 주사위가 터져서 작은 주사위들로 변했네요. 앗 뜨거워~!

지금까지 ○○○ 마술사였습니다. 감사합니다.


### 26. 씽킹 넘버 테스트 카드

안녕하세요. ○○○ 마술삽니다.

1에서 99중에 당신이 좋아하는 숫자를 마음속으로 하나 선택하세요.

생각하셨나요?

네, 당신이 생각한 숫자가 이 카드에 있나요?

이 카드에는요?(6회)

네, 당신이 선택한 숫자가 여기에 나타납니다.

나와라 나와라 얍!

당신이 선택한 숫자는 ○입니다. 맞습니까?

네, 지금까지 ○○○ 마술사였습니다. 감사합니다.


### 27. 333카드 1

제가 세 장의 카드를 가져왔는데요,

이번 마술은 기억을 아주 잘하셔야 합니다. 러분의 기억력을 테스트

해보는 마술입니다.

자, 그럼 준비되셨나요? 제가 보여주는 카드를 잘 기억하시기 바랍니

다. 여기 다이아몬드, 클럽, 스페이드 카드가 있는데요, 첫 번째 카

드가 뭐였죠?(두 번째, 세 번째)

여러분 중에 한 분을 모시겠습니다.

세 장의 카드 중에서 두 번째 카드를 뽑고 아무도 볼 수 없게 숨겨주세요. 본인도 봐서는 안 됩니다. 여러분 두 번째 카드가 뭐였죠?

네, 네, 클럽이었죠? 그럼 여기 두 장은 무슨 카드이어야 할까요?

네! 다이아몬드와 스페이드이어야겠지요? 확인해 볼까요?

다이아몬드와 스페이드 맞습니다. 자, 그럼 당신이 뽑은 카드를 확인해 볼게요.

아니! 놀랍게도 하트 카드로 바뀌었네요.

지금까지 ○ ○ ○ 마술사였습니다. 감사합니다.


27-1. 333카드 2

여기 세 장의 카드가 있는데요,

첫 번째 카드는 다이아몬드 카드, 두 번째 카드는 클럽, 세 번째 카드는 스페이드네요. 잘 기억해 주시구요. 가운데 카드를 뽑아주세요.

그럼 확인해 볼까요?

네! 놀랍게도 클럽 카드가 하트 카드로 바뀌었네요.

지금까지 변신 마술사 ○ ○ ○였습니다. 감사합니다.


28. 하트 스폰지 1

여기 빨간 공 한 개가 있는데요, 제가 조금 뜯어 볼게요.

후~ 어 하트가 되었네요. 또 뜯어볼까요?

와우! 또 하트가 되었구요. 이번에는 더 강력한 주문을 걸어볼게요.

알라깔라 마깔라까 얍!

네! 놀랍게도 큰 하트로 변했네요.

지금까지 ○ ○ ○ 마술사였습니다. 감사합니다.


### 28-1. 하트 스폰지 2

여러분 제가 수수께끼를 하나 내볼게요. 나누면 나눌수록 커지는 것은 무엇일까요?

네, 과연 나누면 나눌수록 커지는 것이 무엇인지 그 정답을 가져왔는데요, 짜잔~! 어? 그냥 빨간 공이네요.

자, 그럼 이 빨간 공을 조금 뜯어서 나눠 볼게요.

와우! 작은 하트가 되었네요. 또 나눠 볼까요?

역시 또 작은 하트가 되었네요. 그럼 이 나눌수록 커지는 것이 진짜 하트 사랑인지 한번 보겠습니다.

알라깔라마깔라까 얍!

네! 놀랍게도 나누면 나눌수록 커지는 것은 사랑이었습니다.

감사합니다.


### 29. 칼라 체인지 CD

여기 회색 CD 3장과 빨강, 노랑, 파란색의 리본이 있는데요, 회색 CD 한 장과 노란색 리본을 CD 케이스에 넣고 주문을 걸어볼게요.

변해라~변해라~얍!

네! 놀랍게도 노란색 CD로 변했네요.

이번에는 회색 CD 한 장과 빨간색 리본을 CD 케이스에 넣고 주문을 걸어볼게요.

변해라~변해라~얍!

네! 이번에는 빨간색 CD로 변했네요.

마지막으로 남은 회색 CD 한 장과 파란색 리본을 CD 케이스에 넣고 주문을 걸어볼게요.

변해라~변해라~얍!

네! 놀랍게도 파란색 CD로 변했네요.

CD 케이스 안이 궁금하시다구요? 케이스 안에는 그 어떤 것도 없습니다.

지금까지 ○○○ 마술사였습니다. 감사합니다.


## 30. 마법의 잉크

안녕하세요? ○○○ 마술삽니다.

제가 당신의 옷에 향수를 뿌려도 될까요?

네, 감사합니다.(뿌린다.)

어머 어쩌죠? 향수인 줄 알고 물감을 뿌리고 말았네요. 지워드릴까요?

사라져라 사라져라 점점 사라져라~

지금부터 간절한 마음으로 30을 세보세요! 당신이 천천히 숫자를 세는 동안 점점 없어질 것입니다.

네, 지금까지 ○○○ 마술사였습니다. 감사합니다.


### 31. 그림이 변하는 카드

안녕하세요. ○○○ 마술삽니다.

여기 이상이 없는 카드가 있습니다.

제가 강력한 주문을 걸어 볼게요.

변해라 변해라 얍!

어? 그림이 모두 7하트로 변했네요.

지금까지 ○○○ 마술사였습니다. 감사합니다.


### 32. 우주 비행선

안녕하세요. ○○○ 마술삽니다.

여기 우주 비행선이 있습니다. 누가 타고 있는지 한번 볼까요?

어? 주사위가 타고 있네요. 다시 뚜껑을 덮고 여행을 떠나볼까요?

화성을 지나 목성을 지나 한번 내려볼까요?

어? 주사위가 작아졌네요. (없어졌네요.)

지금까지 ○○○ 마술사였습니다. 감사합니다.

### 33. 신기한 컵

안녕하세요. ○○○ 마술삽니다.

여기 두 개의 컵이 있습니다. 이상이 있는지 한번 확인해 보세요. 이상이 없지요?

네, 이 동전을 이 컵에 넣어주세요.

오른쪽 컵에 동전을 넣었습니다. 컵을 섞을 테니 동전이 어느 쪽에 있는지 맞춰보세요. 어느 쪽에 있나요?

네, 확인해 볼까요? 어? 동전이 없네요.

이쪽도 확인해 볼까요? 어? 이쪽에도 없네요.

동전은 어디로 사라진 걸까요?

지금까지 증발 마술사 ○○○였습니다.


### 34. 마술책

안녕하세요. ○○○ 마술삽니다.

네, 여기 책이 한 권 있습니다.

아무 그림도 없군요. 법의 펜으로 그림을 그려야겠습니다.

나와라 나와라 마법펜!

네! 쓱쓱!

예쁜 그림을 그렸는데 한번 볼까요?

네, 정말 예쁜 그림이 그려졌네요. 그런데 색깔이 없죠?

저기 계신 분의 빨강 파랑 노랑색들을 넣어서 색칠해 보겠습니다.

짠! 네, 색까지 예쁘게 칠해졌죠?

이번엔 당신이 한번 지워보세요. 쓱… 네! 모두 지워졌네요.

지금까지 ○ ○ ○ 마술사였습니다. 감사합니다.


## 35. 레인보우 칩 (색깔 칩)

안녕하세요. ○ ○ ○ 마술삽니다.

이 세상에 모든 색깔을 다 섞는다면 무슨 색이 될까요?

이 색깔처럼 검정색이 됩니다. 그렇다면 이 검정색 속에 어떤 아름다

운 색들이 숨어 있는지 한번 볼까요?

네, 빨강과 파랑이 숨어 있었군요.

여기 하얀색에는 예쁜 색을 한번 칠해보죠.

네, 초록과 ○ ○색이 칠해졌습니다.

지금까지 ○ ○ ○ 마술사였습니다. 감사합니다.


## 36. 추스틱

안녕하세요. ○ ○ ○ 마술삽니다.

네, 제가 이 끈을 손을 대지 않고 올려보겠습니다.

올라가라 올라가라 얍!

이번엔 입으로 한번 올려보겠습니다.

이얍~~~~~~~~~하~

네! 지금까지 ○ ○ ○ 마술사였습니다. 감사합니다.

## 37. 재생 카드

안녕하세요. ○○○ 마술삽니다.

여기 카드 조각을 가져왔는데요, 이 카드를 접어볼게요.

이제 주문을 걸고 한번 펴볼까요? 어? 카드가 붙었네요. 다시 주문을 걸어볼까요?

붙어라 붙어라 얍!

네! 또 카드가 붙었네요.

이번엔 더욱더 강력한 주문을 걸어볼게요.

알라깔라 마깔라까 찢어진 카드야 붙어라 붙어라 얍!

네! 놀랍게도 완벽한 카드가 되었네요. 어때요? 신기하죠?

지금까지 ○○○ 마술사였습니다. 감사합니다.


## 38. 일주일 카드

안녕하세요. ○○○ 마술삽니다.

여기 월화수목금토일 카드가 있는데요, 월요일은 먼데이~ 화요일은 ~(생략) 이 카드를 합쳐서 섞어볼게요. 몇 장 넘길까요?

네, 이제 섞인 카드를 반절로 나누고 여섯 번 섞으실 수 있습니다.

네 월요일, 먼데이!

어? 마구 섞었는데 짝을 찾았네요.

이젠 다섯 번을 섞어주세요. 왼쪽은 몇 번 섞으실래요?

네, 이번에는 화요일, 투즈데이가 나왔네요.

어때요? 섞어도 섞어도 짝을 찾는 천생 연분 카드 마술이었습니다.
감사합니다.


### 39. 도미노 카드

안녕하세요. ○○○ 마술삽니다.

여기 하얀 동그라미가 몇 개 있나요?

네~ 한 개 있지요? 이번에는요?

네~~ 다섯 개가 있네요. 한번 뒤집어 볼까요?

어? 동그라미가 두 개가 되었네요. 다시 뒤집어 볼게요. 이번엔 6개
가 되었네요. 좀 더 강력한 주문을 한번 걸어볼게요.

알라깔라~~ 마깔라까~~ 얍!

네~~ 두 개였던 동그라미가 세 개가 되었네요.

제가 다시 주문을 한번 걸어볼게요.

변해라~~변해라~~ 얍!

네~~ 여섯 개였던 동그라미가 여덟 개가 되었네요.

어때요? 신기하죠?

지금까지 ○○○ 마술사였습니다. 감사합니다.


### 40. 공중부양 컵

안녕하세요. ○○○ 마술삽니다.

여기 컵이 있습니다. 이상이 있는지 확인해 보세요.

네, 이 스카프에도 아무것도 없습니다.

이 스카프를 컵 위에 올려놓고 컵을 들어보겠습니다.

떠올라라 떠올라라 둥둥 떠올라라!

어? 컵이 날아다니네요.

지금까지 ○ ○ ○ 마술사였습니다. 감사합니다.


## 41. 투명 구슬

안녕하세요. ○ ○ ○ 마술삽니다.

여기 상자와 구슬 고무줄이 있습니다. 이상이 있는지 만져보세요.

네, 이상이 없지요. 이 상자 뚜껑을 닫고 고무줄로 꽁꽁 묶겠습니다.

이 묶인 상자 속에 이 구슬을 넣어보겠습니다.

들어가라 들어가라 얍!

네, 묶인 상자 속에 구슬이 들어갔지요.

지금까지 ○ ○ ○ 마술사였습니다. 감사합니다.


## 42. 큰 카드

안녕하세요. ○ ○ ○ 마술삽니다.

네, 여기 멋진 임금님이 있네요. 검정색 스페이드 카드인데요.

너무 멋져서 뽀뽀를 한번 해야겠는데요.

쪽! 어어어어 어쩌죠? 임금님이 제 뽀뽀를 받고 너무 좋아서 그만 사랑의 하트 여신으로 변해버렸네요.

지금까지 ○○○ 마술사였습니다. 감사합니다.

### 43. 평행 구슬

안녕하세요. ○○○ 마술삽니다.

여기 작은 구슬 두 개가 있는데요, 양 끝의 홈으로 동시에 구슬을 옮겨보세요. 잘 안 되시나요? 제가 해볼게요. 잠시 뒤돌아서 눈을 감아주세요.

올라가라 올라가라 얍!

네, 하나, 둘, 셋 ~ 열을 세고 눈을 떠주세요.

어때요? 신기하게 양 끝으로 구슬이 동시에 올라가 있네요.

지금까지 ○○○ 마술사였습니다. 감사합니다.

### 44. 프롬 핸드 무브 (춤스틱)

안녕하세요. ○○○ 마술삽니다.

저에게는 말을 잘 듣지 않는 지팡이가 하나 있습니다.

내려가라 내려가라 어? 내려가라 내려가라 어? 정말 말 안 듣죠? 이렇게 자꾸 올라온다니까요? 내려가라 내려가라 어?

지금까지 ○○○ 마술사였습니다. 감사합니다.

## 45. 환타스틱 카드

안녕하세요. ○○○ 마술삽니다.

여러분은 지금부터 놀라운 카드 마술을 보실 겁니다. 여기 카드 중에서 한 장의 카드를 뽑아주세요.

네, 이 카드는 다시 넣고 다른 카드를 가져오겠습니다.

이 카드의 12번째 카드를 보면 당신이 선택한 카드가 나온다는군요.

한번 볼까요?

하나, 둘, 셋… 열둘

당신이 선택한 카드가 맞습니까? 확인해 볼까요? 네, 맞네요.

정말 놀랍죠?

지금까지 ○○○ 마술사였습니다. 감사합니다.


## 46. 화분 마술

친구들, 여기 아무것도 없는 빈 화분이 있는데요,

이 지팡이로 주문을 걸어볼게요.

나와라 나와라 얍!

네~ 놀랍게도 예쁜 꽃이 피었네요.

어때요? 신기하죠?

# 대회 및 발표회용 멘트

## (1) 마술 목록

| | | | | | |
|---|---|---|---|---|---|
| 1 | 멘탈박스 | 2 | 신문지 컵 | 3 | 요술 부채, 요술지팡이 |
| 4 | 폭탄주사위, 도미노 카드 | 5 | 요술 지팡이 | 6 | 마법 북 |
| 7 | 세 줄 로프 | 8 | 요술 숟가락, 글로벌 카드 | 9 | 피에로, 아쿠아 가루 |
| 10 | 삼색 로프 | 11 | 요술 화분 | 12 | 60 카드 |
| 13 | 서프라이즈 봉투 | | | | |

## (2) 마술 멘트

### 1. 멘탈박스 1

안녕하세요. ○○○ 마술삽니다.

제가 상자를 하나 가져왔는데요, 여기 커다란 문이 있고 작은 문도 있어요. 어? 양쪽에는 손이 들어갈 수도 있네요. 하지만 안에는 아무것도 없습니다. 여기 노랑과 파랑 끈도 이상이 없습니다. 그럼 저를 도와서 마술을 해주실 분을 한 분 뽑겠습니다.

네~ 앞에 계신 ○○색 옷을 입으신 분 나와 주세요.

이상이 없는지 확인해 주세요. 이제 노랑 끈을 넣고, 파랑 끈도 넣고, 자, 상자에 손을 넣고 노랑 끈을 잡아주세요. 여기 위에 있는 두 끈도 잡아주세요.

이제 저랑 같이 천천히 끈을 잡아당겨 주세요. 자, 천천히 당기세요.

어? 그런데 끈이 서로 묶여 버렸네요.

어때요? 정말 신기한 상자네요.

지금까지 ○○○ 마술사였습니다. 감사합니다.


### 1-1. 멘탈박스 2

안녕하세요. ○○○ 마술삽니다.

여기 제가 가져온 게 뭐게요?

네~! 박스! 박스! 바로 멘탈박스예요.

멘탈 붕괴 아니예요~ 멘탈 박스예요! 자, 이제 한 분을 무대 위로 모셔볼게요. 저쪽 ○○색 티셔츠를 입고 안경을 끼신 아버님 나와주시죠? 자, 여기 이 끈과 상자가 이상이 있는지 한번 만져보세요.

네, 이제 노랑 끈을 넣고, 파랑 끈도 넣었어요.

아버님은 한 손을 상자에 넣고 노랑 끈을 잡아주세요. 저는 파랑 끈을 잡을게요. 자, 여기 두 끈도 잡아주세요.

어? 그런데 무슨 소리가 들려요. 이 둘은 결혼을 할 거래요. 그럼 끈을 서서히 잡아당겨 보세요.

네, 둘이 묶여서 결혼했네요. 어때요? 신기하죠?

지금까지 ○○○ 마술사였습니다. 감사합니다.

## 2. 신문지 컵

안녕하세요. ○○○ 마술삽니다.

음, 요즘 날씨가 너무 덥죠. 그래서 제가 시원하게 주스 한 잔 마셔 보려고 합니다. 마침 여기 컵과 주스가 있네요. 그런데 오늘 같은 마술 대회에서 그냥 마시면 재미가 없겠죠?

제가 여기 신문을 한 장 가져왔는데요, 아무 이상이 없습니다. 이 신문지로 고깔 컵을 만들어 볼게요. 이 신문지에 주스를 부으면 어떻게 될까요? 당연히 젖겠지요. 그러면 이 컵을 넣고 주스를 부으면요? 네~! 안 젖겠지요?

그런데 저는 이 컵을 빼고 신문지에 주스를 부어볼게요. 어? 어?

주스를 부었는데 신문지가 젖지 않고 주스가 사라져 버렸네요.

그럼 이 컵을 넣고 제가 주문을 걸어 볼게요.

알라깔라 마깔라까 사라진 주스야 사라진 쥬스야 이 컵 속에 담기거라~! 얍! 짜잔!

네, 사라졌던 주스가 다시 컵 속에 담겨졌네요. 어때요? 신기하죠?

지금까지 주스가 너무 먹고 싶은 ○○○ 마술사였습니다. 감사합니다.


## 3. 요술 부채, 요술 지팡이

안녕하세요. ○○○ 마술삽니다.

여기 부채와 끈이 있는데요, 제가 이 끈에 주문을 걸어볼게요.

그런데 제가 주문을 걸 때 여러분이 박수를 쳐주셔야만 주문이 성공적으로 이루어진답니다. 자, 그럼 주문을 걸게요. 박수 부탁드립니다.

알라깔라 마깔라까 나와라 나와라 요술 지팡이~!

네~ 분명히 끈이었는데 지팡이가 되었네요. 어때요? 신기하죠?

이번엔 너무 날씨가 더우니 시원하시라고 제가 아끼는 부채를 가져왔어요. 제가 부채질을 해드릴게요. 어?? 부채가 펴지질 않고 다~~ 부서져 있네요. 어? 이러면 부채질을 할 수가 없는데….

아~~ 안 돼요. 안 돼! 너무너무 더워요~!

음… 안 되겠어요. 제가 주문을 걸어서 부채를 고쳐볼게요.

내 부채 내 부채 고쳐져라 고쳐져라 덥다 덥다 얍~!

아~ 시원하다. 네, 이제 더위가 좀 가시네요. 어때요? 제 부채 멋지죠? 지금까지 ○○○ 마술사였습니다. 감사합니다.

### 4. 폭탄 주사위, 도미노 카드

안녕하세요. 변신 마술사 ○○○입니다.

제가 오늘 보여드릴 마술은 변신 마술입니다.

먼저 제가 아끼는 주사위 마술입니다.

잘 보이시나요? 이것은 주사위는 주사위인데 그냥 주사위가 아닙니다. 바로 폭탄 주사위지요.

어? 어? 여기서 무슨 소리가 나지 않나요? 지금 곧 폭탄이 터질 건가 봐요! 5초 후에 폭발합니다.

5, 4, 3, 2, 1, 뻥!

여러분 모두 안 다치셨죠?

네~ 커다란 주사위가 터져서 작은 주사위들로 변했네요.

이번엔 제가 카드 한 장을 보여드릴 테니 어떻게 변하는지 잘 보시기

바랍니다. 카드 속에 하얀 동그라미가 몇 개 있나요?

네, 한 개 있지요? 이번에는요?

네, 4개가 있습니다.

좀 전엔 한 개였는데 이번엔 몇 개인가요?

네, 두 개가 되었네요. 네 개였던 쪽은 다섯 개가 되었지요?

자, 그럼 좀 전에 두 개였던 쪽에 제가 주문을 걸어 볼게요.

1, 2, 3!

순식간에 세 개가 되었군요. 다섯 개였던 동그라미는…

변해라 후~!

네, 여섯 개가 되었네요. 그럼 이제 마지막으로 강력한 마술!

알라깔라 마깔라까 변해라 변해라 변해라 얍!

여섯 개였던 동그라미가 여덟 개로 변했네요. 어때요? 신기하죠?

지금까지 변신 마술사 ○ ○ ○이었습니다. 감사합니다.


## 5. 요술 지팡이

안녕하세요. ○ ○ ○ 마술삽니다.

제가 오늘은 아주아주 아끼는 친구를 여러분에게 소개하려고 합니

다. 그게 누군지 궁금하시다구요? 그건 바로 저의 소중한 바로바로 요술 지팡이예요. 그럼 제 요술 지팡이를 불러 볼게요.

지팡아! 사랑하는 나의 지팡이야! 나와라 나와라 얍~!

네! 제 지팡이 어때요? 정말 멋지죠?

제가 이제 신기한 마술을 보여드릴게요.

자, 여기 동그란 끈과 기다란 끈이 하나씩 있습니다.

제가 이 긴 끈을 묶어볼게요.

네, 아주 잘 묶였지요!

자, 이제 눈을 크게 뜨시고 잘 보시기 바랍니다. 아주아주 놀라운 일이 일어날 거예요.

알라깔라 마깔라까 지팡이야 너의 강력한 마법의 힘을 보여다오~!

아니~! 두 개의 동그란 끈이 서로 걸려있네요.

어때요? 제 요술 지팡이 대단하죠?

지금까지 멋진 요술 지팡이 주인 ○○○ 마술사였습니다.

감사합니다.


6. 마법 북

안녕하세요. ○○○ 마술삽니다.

제가 어제 서점에서 그림책을 하나 샀는데요, 어떤 내용인지 궁금하시죠? 제가 특별히 공개해드릴게요. 어? 어제 제 동생이 지워버렸나 봐요. 어떡하죠?

아하~! 제가 마법의 펜으로 그림을 그려 볼게요.

나와라 나와라 마법 펜!

네. 그림을 그렸는데 색깔이 안 칠해졌네요. 그럼 다 방법이 있지요.

이번에 마법의 크레파스로 색을 칠해야겠네요.

알라깔라 마깔라까 나와라 나와라 마법의 크레파스!

네! 크레파스로 알록달록 칠해져라~

잘 칠해졌는지 한번 볼까요?

네~ 알록달록 멋진 색깔이 되었네요. 어때요? 신기하죠?

지금까지 색깔 마술사 ○○○였습니다. 감사합니다.


ㄱ. 세 줄 로프

안녕하세요. ○○○ 마술삽니다.

오늘은 제가 아주아주 신기한 동화를 한편 들려 드릴게요.

아주 먼 옛날 색깔 나라에는 세 명의 색깔 요정들이 살고 있었어요.

그런데 색깔 요정들은 틈만 나면 서로 자기가 최고라고 싸웠지요.

이 세상에서 제일 멋진 색깔은 바로 나! 파란색이라구!

뭐라고! 어림없는 소리! 이 세상에서 가장 예쁜 색깔은 바로 나! 빨간색이야.

어머나! 너희들 지금 무슨 소리 하는 거니? 정말 우습구나~!

자, 나를 좀 보라구. 이 우아하고 환하게 눈부신 노란 색깔을!

어디 비교가 되니? 흥!

색깔 요정들은 서로 자기가 잘났다고 서로서로 같은 색깔끼리만 손잡고 온 세상을 한 가지 색깔들로 물들였어요. 그러자 세상은 온통 노랗고 빨갛고 파래서 뭐가 뭔지 뒤죽박죽이 되어 잃어버린 물건도 도저히 찾을 수가 없게 되었어요. 그러다가 색깔 요정들은 서로의 소중함을 깨닫기 시작했지요.

노랑아, 빨강아! 우리 서로 손잡고 사이좋게 지내자.

짜잔~! 그때부터 세상은 알록달록 예쁜 색깔이 되었답니다.

## 8. 요술 숟가락, 글로벌 카드

안녕하세요. ○○○ 마술삽니다.

제가 여기 봉투를 가져왔는데요, 봉투 속에는 아무것도 없습니다.

어? 여기 숟가락도 있는데요. 네, 이상이 없는 숟가락입니다.

그럼 제가 이 숟가락을 이 편지 봉투에 넣어볼게요.

알라깔라 마깔라까 사라져라 사라져라 얍!

네, 숟가락이 사라져 버렸네요. 도대체 어디 간 거죠?

이번엔 제가 카드 마술을 보여 드릴게요. 여기 여러 장의 카드가 있는데 제가 넘길 테니 원하는 곳에서 스톱을 외쳐주세요.

네, 스톱한 곳의 카드가 바로 이곳인데요, 바로 ○○이군요.

저는 관객님이 이 카드에서 스톱하실 줄 미리 알고 있었습니다. 제가 따로 카드를 한 장 가져왔는데요, 짜잔 바로 ○○ 카드 맞지요?

어때요? 즐거우셨나요?

지금까지 ○ ○ ○ 마술사였습니다. 감사합니다.

안녕하세요. ○ ○ ○ 마술삽니다.

여기 색깔이 없는 피에로가 있는데요, 피에로 옷에 색깔이 없으니까 좀 이상하네요. 그럼 제가 주문을 걸어서 피에로 옷을 입혀 줄게요.

알라깔라 마깔라까 예쁜 색깔의 옷이 입혀져라 얍!

네~ 피에로가 점점 예쁜 색의 옷을 입고 있네요. 어때요? 신기하죠? 주문을 거느라고 집중했더니 목이 마르네요. 물을 한 잔 마셔야겠어요. 여러분도 더우시죠? 저만 먹기 미안한데 물 한 잔 드실래요?

어? 아니? 방금 따랐던 물이 어디로 갔지요?

그 사이에 목마른 투명인간이 와서 마시고 갔나 봐요.

정말 신기한 일도 다 있네요.

지금까지 몹시 갈증이 나는 ○ ○ ○ 마술사였습니다. 감사합니다.

안녕하세요. ○ ○ ○ 마술사입니다.

여기 빨강, 노랑, 파랑의 로프가 있는데요, 제가 주문을 걸어볼게요.

알라깔라~마깔라까~ 얍~!

네! 놀랍게도 로프가 연결되었네요! 어때요? 신기하죠?

지금까지 ○ ○ ○ 마술사였습니다. 감사합니다.

## 11. 요술 화분

안녕하세요. ○ ○ ○ 마술사입니다.

여기 아무것도 없는 빈 화분이 있는데요, 제가 주문을 걸어볼게요.

알라깔라~ 마깔라까~ 얍~!

네! 놀랍게도 꽃이 피었네요. 음~ 향기도 좋은데요. 어때요? 신기하죠? 지금까지 ○ ○ ○ 마술사였습니다. 감사합니다.

## 12. 60 카드

안녕하세요. ○ ○ ○ 마술사입니다.

1에서 60 중에 좋아하는 숫자 하나만 생각해주세요. 생각하셨나요?

저기 안경 쓴 여자분~ 여기 종이에 그 숫자를 적어서 제가 볼 수 없도록 접어주세요. (뒤 돌아있는 상태) 다 하셨나요? (대답 듣고 뒤돈다.)

접은 종이를 저기 계신 노란색 티를 입은 남자의 엉덩이 밑에 깔아주세요.

자, 이제 그 숫자가 이 카드에 있나요? 이 카드에는요? (4번 반복)

네, 당신이 좋아하는 숫자는 (홀수 13)입니다. 확인해 볼까요?

지금까지 ○ ○ ○ 마술사였습니다. 감사합니다.

## 13. 서프라이즈 봉투

안녕하세요. ○○○ 마술사입니다.

여기 아무것도 없는 종이봉투가 있는데요, 제가 주문을 걸어볼게요.

알라깔라~ 마깔라까~ 얍~!

어? 어? 검은색~ 노란색~ 빨간색~

네! 놀랍게도 아무것도 없던 상자 안에서 예쁜 상자들이 나왔네요.

어때요? 신기하죠? 지금까지 ○○○ 마술사였습니다. 감사합니다.


## 발표회용 사회 멘트

### (1) ○○ 다문화 센터 발표회 사회 멘트

안녕하세요. 자신감 쑥쑥 마술 스피치 사회를 맡은 ○○○입니다. 오늘 저희가 몇 가지 신기한 마술을 준비했는데요, 마술을 배운 지 얼마 되지 않아서 많이 부족하고 미숙하지만 마술할 때마다 힘내라고 우리 친구들에게 큰 박수와 환호 부탁드립니다.

그럼 첫 번째 순서로 ○○반 친구들의 단체 마술을 준비했는데요, ○○○, ○○○의 마법의 책 마술을 보시겠습니다. 큰 박수와 환호 부탁드립니다.

네, 정말 아무것도 없던 책에서 신기하게 알파벳이 써지고 그림과 영어 단어까지 나왔네요. 볼수록 정말 신기한데요.

다음은 ○○○ 친구의 부채 마술을 보시겠습니다.

큰 박수 부탁드립니다.

네! 부서졌던 부채가 주문을 걸자 금세 고쳐졌네요.

다음은 ○○○ 친구의 신기한 폭탄 주사위 마술을 보시겠습니다. 다 함께 우레와 같은 박수 부탁드립니다.

네, 커다란 주사위가 터져서 순식간에 작은 주사위로 변하는 마술 잘 보셨나요?


다음은 ○○○ 친구의 판타스틱 상자 마술을 보시겠습니다.

박수와 함성 부탁드립니다.

이번 순서는 단체 마술인데요, 남자친구들의 책 마술을 보시겠습니다. 단체 마술을 보여줄 친구들은 ○○○, ○○○, ○○○, ○○○입니다. 큰 박수로 맞이하시지요.

네, 이번에는 ○○○ 친구가 하는 폭탄 주사위 마술을 보시겠습니다. 폭탄 소리보다 더 큰 박수 부탁드립니다.

네! 다시 봐도 여전히 신기한 폭탄 주사위 마술이었습니다.

여섯 번째 순서로 ○○○ 친구의 마법의 빈 봉투 마술을 보시겠습니다. 아무것도 없는 봉투에서 신기하게도 꽃 상자가 나왔네요.


다음은 마지막으로 ○○○ 친구의 신문지 마술을 보시겠습니다.

우레와 같은 박수로 불러 보시지요.

정말 물이 어디로 사라진 걸까요? 진짜 투명인간이 왔다 간 걸까요?

정말 놀랍지 않나요? 저희들이 준비한 마술 공연 즐겁게 보셨나요?

짧은 시간 배운 실력으로 무대에 섰습니다.

부족하더라도 격려와 지지, 칭찬 부탁드립니다.

지금까지 사회를 맡은 ○○○, ○○○이었습니다. 감사합니다.

## (2) ○○ 다문화 센터 발표회 사회 멘트

안녕하세요. ○○ 다문화 센터에서 준비한 마술 스피치 사회를 맡은 사회자 ○○○입니다. 저희 ○○ 다문화 센터에서는 교육 마술 프로그램 중 마술 스피치 프로그램을 배우고 있는데요, 마술 속의 과학의 원리도 찾아보고, 마술 스피치를 통해 자신감과 발표력을 기르는 데 도움을 받고 있습니다. 그런데 저희가 마술 스피치를 배운 지 얼마 되지 않았고, 공연 준비 시간도 별로 없어서 많이 부족한데요. 그래서 여러분들의 큰 격려와 지지, 박수가 절실히 필요합니다.

제가 여기 부채를 하나 가져왔습니다. 이 부채는 그냥 부채가 아니라 바로바로 요술 부채랍니다. 여러분들이 즐겁게 마술을 볼 준비가 됐으면 쫙 펴지지만 우리 꼬마 마술사들이 마술할 때 박수도 안 쳐주시고 심각한 얼굴로 쳐다보신다면 부서져 버리는 바로 신기한 요술 부채지요.

자 그럼~! 마술을 볼 준비가 되셨나요? 그렇다면 큰 박수와 환호 부탁드립니다. 어? 어? 어? 여러분들의 박수 소리가 작은 가봐요. 다시 한 번 큰 박수 부탁드려요.

네~~ 부채가 쫙 펴졌네요. 정말 똑똑한 부채죠?

다음 순서는 ○○○, ○○○, ○○○의 도미노 카드를 보시겠습니다.
큰 박수 부탁드립니다.
네~ 하얀 동그라미가 점점 늘어나는 게 정말 신기한데요?

다음 순서는 ○○○ 친구의 재생 카드 마술을 보시겠습니다.
여러분의 박수로 시작하겠습니다.
네~~ 여러 장의 조각 카드가 한 장의 큰 카드로 변했네요.
도대체 어떻게 된 걸까요? 정말 신기한데요?
저희들이 준비한 마술 잘 보셨나요?
끝까지 격려의 박수를 아끼지 않은 관객 여러분께 감사의 말씀을 드립
니다. 더 많은 마술을 날 새도록 보여드리고 싶지만 시간 관계상 여기
서 마무리하도록 하겠습니다. 즐겁게 봐주셔서 감사합니다.

## 공연(발표회) 전 지도 노하우

### (1) 마술 연습

#### 1. 단체 연습

그동안 배운 것 중에서 따라 하기도 쉽고 보여주는 효과가 큰 것으로
선택한다.

• 공 바꾸기 마술

– 원래는 파란 공, 빨간 공으로 했지만, 공을 빼고 젤리로 바꿔서 아이들에게 재미를 더해 줄 수 있다.

(간단한 응용을 하는 이유는 마술하는 공연자가 계속 같은 마술을 할 경우 지루함을 느낄 수 있으므로, 발표하고 성공하면 먹어 버릴 수 있는 젤리 같은 과자류를 넣어 연출하는 것이 발표자의 기분을 상승시켜 발표를 보다 효과적으로 연출 할 수 있다. 주의 : 아토피, 땅콩 알레르기 확인)

• 구슬 컵 마술

– 그동안 배운 것을 잘 기억해서 따라 하는 공연자도 있지만 힘들어하는 공연자를 위해 같이 보여주면서 따라 하게 한다.

– 초반에 배워서 너무 오랜만에 해보는 마술은 기억을 못 하는 경우가 있다. 밴드 영상을 수시로 보라고 다시 한 번 말해준다.


## 2. 개인 연습

그동안 배운 것 중에서 본인이 할 수 있고 하고 싶은 것으로 고르게 한다.

• 하고 싶은 마술을 하는데, 실력에 비해 의욕이 앞서서 어려운 마술을 선정할 수 있다. 그런 경우 공연자가 어려워서 잘 못할 수 있는데 기가 죽지 않도록 다른 것으로 해보는 것이 어떠냐고 권유할 수 있다.

(잘하던 것도 부모님이나 관객 앞에서 떨려서 못할 수 있으므로 좌절감

을 느끼지 않도록 개인 마술은 가장 자신 있는 마술로 선정하는 것이 좋다. 어려운 마술을 선택하는 경우 실수할 수 있고, 그래도 괜찮음에 대해 인지시키면 좌절감에 의한 발표 울렁증을 유발시키지 않을 수 있다.)

- 서로 발표하고 싶은 마술이 같을 확률은 높다.
- 연습할 때 조금이라도 목소리가 높아졌다거나 하면 자신감을 더 갖도록 점수를 크게 크게 준다.
- 시간이 부족할 때는 같은 개인 마술을 보여주는 아이들을 몇 명씩 묶어서 함께 해보게 한다.
  (같은 마술 끼리／다른 마술일 경우 – 집중력 강화 효과를 가져 올 수 있음을 인지시킨다.)


## (2) 마술 발표

- 부모님들을 뒤에서 관람할 수 있도록 하고, 바로 전에 연습했던 것을 보여준다.
- 단체 마술을 보여줄 때 한꺼번에 다 나와서 보여주면 어수선할 수 있다. 그래서 조를 나눠서 한 조씩 보여준다. (조는 단체 연습할 때 하는 것을 보고 잘하는 아이와 잘 따라 하지 못하는 아이를 섞어서 나눈다.)
- 개인 마술을 보여줄 때 연습 때보다 잘하는 아이도 있을 것이고, 잘 못하는 아이가 있을 수 있다. (부모님들에게 연습 때는 아이가 잘했는데 부모님 앞이라 떨려서 실수할 수 있다며 아이가 아쉬워하더라도 기죽지 않게 해준다.)

놀라운 마술 심리학

### (3) 부모님 및 관객 인터뷰

- 공연자의 마술이 다 끝나고도 시간이 남았을 때 부모님들에게 한 분씩 자신의 아이들이 발표한 모습을 본 느낌을 말하게 한다.
- 시간이 더 많이 남았다면 아이들처럼 앞에서 말하게 한다.
- 인터뷰를 하면 아이들이 앞에 나와서 발표하는 것이 용기가 필요한 일임을 부모님 스스로 체험해 봄으로써 이해에 도움을 줄 수 있다. 또한 선생님에 대한 권위를 조금 더 올릴 수 있다.

## 공연 전 목적의식 고취 마인드 교육 멘트

○ ○ 친구들 반가워요~!

### (1) 목적 상기시키기

그런데 우리 친구들 여기 왜 왔나요?

아, 신기한 마술을 보러 왔군요.

### (2) 회피 동기 접근 동기 유발

그런데 오늘 친구들 중에는, 1번 그냥 마술만 보게 될 친구들이 있어요. 2번 어떤 친구는 마술도 보고 신기한 마술 체험도 해볼 친구가 있어요. 몇 번 하고 싶어요? 2번이요?

그런데 3번도 있는데, 3번은 마술도 보고 마술 체험도 하고 멋진 선물까지 받게 될 친구가 있어요. 몇 번 하고 싶나요? 모두 3번 하고 싶지요? 하지만 아무나 3번 할 수 없어요.

## (3) 바른 행동 강령 제시

신기한 마술이 나올 때 어떻게 해야 3번에 뽑힐 수 있을까요?

네, 멋지게 제자리에 앉아서 큰 박수와 환호를 보내주는 친구를 찾아서 체험의 기회를 줄 거예요.

자, 이제 즐길 준비가 되었나요? 친구들 이제 신기한 마술이 시작될 겁니다. 우리 친구들의 박수와 함성을 들어 볼까요?

오, 이제 시작해 볼건데요, 마술할 때 바닥에 뭐가 막 떨어질 수 있어요. 마술하는 동안 만지면 될까요?

그래요. 마술 보는 동안은 멋지게 앉아서 허리 펴고 어깨 펴고 반짝이는 눈으로 보는 거예요.

자, 이제 큰 박수와 함성과 함께 마술 시작하겠습니다.

**Check Point** 판서는 무조건 해야 한다. (문화센터처럼 쉬는 시간이 짧은 경우 판서할 시간이 없기 때문에 미리 써놓은 것을 걸어 놓아도 됨)

**수업 시 교사의 준비물**

아이들이 만지다가 도구가 부서질 수 있으므로 아이들에게 도구 부품 모두를 다 가져오라고 알려준다.(부모님에겐 안내문이나 문자로 알려준다.)

-배우는 자리에서 부서질 수도 있으니 강력 본드, 가위, 칼, 스카치테이프, 검정색 전기 테이프를 챙겨다니면 더 좋다.

## 사전 준비 및 도입 부분 상호 작용

### 1. 사전 자리 배치로 최대의 효과

친구들! 그러면 이쪽~(무대에서 최소 1.5~2m 떨어져 앉아야 한다.) 이 부분은 앉으시면 안 되고요. 여기도~ 가운데 통로는 조금 비워두세요. 선생님이 지나가야 하거든요. 그리고 여기 친구들은 잠깐 옆으로 조금만 가주시기 바랍니다.

선생님이 여기를 지나갈 수 있게 길을 만들어주세요. 옳지! 좋아요.

### 2. 마인드 교육 - 듣기 태도 강화

자, 친구들 여기 왜 왔어요?

아, 마술을 보러 왔구나. 그런데 오늘 여기 온 친구들 중에, 1번, 어떤 친구는 마술을 그냥 조금 보기만 하고 갈 친구가 있어요.

2번, 어떤 친구는 마술을 보기도 하고 직접 앞에 나와서 체험해 볼 친구가 있어요. 몇 번 하고 싶나요? 아! 2번 하고 싶은 친구들이 많군요.

하지만 우리에게 주어진 시간은 40분이라서 그 안에 모두 시켜 줄 수 있을까요? 안타깝게도 모두 시켜줄 수 없어요.

허리 펴고 어깨 펴고 선생님이 마술을 보여 주실 때 신기한 눈으로 바라보면서 박수를 치는 친구들! 아는 마술이 나오면 절대 말하지 않고 고개만 끄덕이는 친구들! 그런 친구들 잘 봤다가 선생님이 체험을 시켜줄 거예요.

자, 준비되었어요! 이제 마술의 세계로 들어가 볼까요?

## 3. 오늘의 일정 소개 - 전체 일정을 알고 있어야 교육 효과 높아짐

오늘 마술에는 마술 동화 구연과 스토리텔링 마술, 음악 마술, 그리고 여러분 중에 아주 멋진 친구가 앞으로 나와 체험해볼 수 있는 체험 마술도 있습니다. 그런데! 체험 마술을 할 친구에게는 선물도 있어요!

## 4. 적극적 참여를 위해 아이들이 말할 수 있도록 유도

그런데 과연 그 체험 마술을 아무나 다 할 수 있을까요?

아니요~ 🐻

과연 어떤 친구가 체험 마술을 할 수 있을까요?

박수 열심히 치는 사람이요~ 🐻

그렇죠! 아주 멋집니다. 가능성이 보이는군요. 좋아요! 그런데 아주 신기한 마술이 나왔어요. 그럼 어떻게 해야 할까요?

짝짝짝 박수 쳐요. 🐻

## 5. 비언어적 메시지 중요

신기한 마술이 나오면 자동으로 '와~' 하며 박수도 치잖아요. 그런데 ~ 하나도 안 신기해. 텔레비전에서 봤던 마술이나 공연장에서 봤던 마술, 아니면 책에서 봤던 시시한 마술이 나오는 거예요. 그럼 어떻게 하지요?

어머어머어머어머어머! 짝짝짝!

시시한 마술 나오잖아요? 그러면~ 더 큰 박수를 쳐버리는 거야. 소리도 막 더 질러버려요. 그럼 선생님이 더 신이 나서 더 신기한 마술을 많이 보여 주고 맙니다.

근데 시시한 마술 나오면~ "에~ 그거 이렇게 하는 거잖아요. 다 알아요~" 하면, 그럼 선생님이 "그래, 너희들 이미 다 아는구나…." 하고 너희들이 다 아는 줄 알고 마술을 많이 못 보여 줄 수 있어요.

혹시 아는 마술 나오면 웃으면서 고개만 끄덕이는 거예요~!

할 수 있겠어요?


6. 목소리 톤을 바꾸고 요술 부채를 보여준다

자, 그러면 여기 무엇을 가져왔나요?

부채, 부챙입니다.


7. 표정이 안 좋고 즐기고 있지 않은 경우 간접적 지도

지금 혹시 이 동네 친구들 몇 학년이에요~?

5학년? 자, 그렇지요~

마술 심리 상담의 현장 속으로 GO! GO!                                          131

8. 마술의 해법을 파헤치려고 벼르는 사람이 있거나 마술의 해법을 궁금해하는 성인들을 대상으로 마술을 할 때

마술을 볼 때 표정이 중요한데 마술사들이 제일 마술하기 싫은 나라가 어느 나라인지 알아요 혹시?

대한민국 🐻

맞아요, ㅠㅠ 대한민국이에요. 왜냐하면 대한민국 사람들은 마술을 보고 "와 신기하다." 이게 아니라 "그래 어디 해봐 해봐 해봐~ 내가 어떻게 하는지 다 알아맞혀 버리겠어. 파헤치고 말겠어! 아~저기 있다 속임수~"라고 하거든요. (최대한 얄밉게 연출: 극과 극 효과)
자! 여러분~! 지금 이 시간 그냥 즐기는 거예요~ 알겠죠?

네~ 🐻

자, 선생님이 부채를 하나 가져왔는데, 이것은 그냥 부채일까요, 요술 부채일까요?

요술 부채~~~ 🐻

9. 본보기로 칭찬 강화 – 어떻게 해야 점수를 받을 수 있는지 설명한 후 바로 점수 주며 강화한다

이 친구는 선생님이 말씀하실 때 아주 멋지게 앉아서, 눈은 선생님 수업이 너무 궁금해요, 얼른 보여주세요~ 하는 표정이었어요.

와! 🐻

그렇죠! 우리 친구 지금 체험 반장 후보예요. 1점 주겠습니다.

놀라운 마술 심리학

자, 이 부채는 그냥 부채가 아녜요. 우리 친구들이 마술을 볼 준비가 되면 펴지지만~ 그렇지 않고 "다시 해봐요!", "사기다~ 속임수다~" 그러면(떨어지는 부채로 피면서) 부서져 버려요.

이제 그럼 친구들 마술을 볼 준비가 되었는지 박수와 환호를 부탁드립니다! 큰 박수 부탁드립니다!

와~ 짝짝짝 🐻

알라깔라 마깔라까 마술을 볼 준비가 되었는지~ (부채를 핀다)어~ 되었군요!

## ♣ 마술 심리 상담 적용 사례

### 일진 오빠들의 변신*

심리 기법과 마술을 콜라보한 학교 폭력 가해자를 모범생으로 변신시키는 기술? 마술 치료!

### (1) 내담자 history

교육청 wee 센터에서 위탁한 기관에서 마술 치료 의뢰가 들어왔다. 의뢰가 들어오면 가장 먼저 묻는 질문은 대상의 연령과 인원수, 집단의 종류, 의뢰 목적이다.

대상은 중학교 2학년 남학생 8명이었다. 그런데 "선생님이 아셔야 하니까 말씀드리는 건데, 각 반에서 없었으면 하는 아이들만 모아 놓았기 때문에 좀 힘드실 거예요."라고 말씀하시며 굉장히 미안한 표정이었다. 총 몇 회기 수업을 진행해야 하느냐고 묻자, 총 10회기를 회기당 2시간씩 진행하고, 마지막 10회기 수업에서는 ○○의 ○○ 문화예술회관 강당에서 마술 공연을 할 수 있게 해달라는 거였다.

사실 2시간씩 10회기 수업하는 건 어렵지 않았다. 그런데 일명 문제아! 그것도 사춘기 병에 걸려있는 남학생들을 대상으로 공연을 올려야 한

* 홍미선 마술치료칼럼에세이_익산열린신문/2019년 7월 22일 1탄, 2019년 7월 29일 2탄

다는 것은 쉽지 않은 일이었지만 내 사전에 불가능은 없었다. 학교 측의 이러한 취지는 참으로 인간적이었고, 아이들을 포기하지 않겠다는 의지가 엿보였다.

학교 측의 취지는 이러했다. 이 친구들은 사사건건 수시로 학교 내외에서 문제를 일으키는 일이 많아서 학교에서는 그때마다 부모님들께 전화했다. 언제나 안 좋은 소식으로 전화받는 이 부모님들에게도 좋은 소식으로 전화를 좀 해보자는 게 이번 강의의 취지였다. 그 좋은 소식이란 마술을 아이들에게 지도해서 무대 위에서 마술을 공연할 수 있게 하는 것! 그래서 부모님을 초대한다는 내용이었다. 아이들은 부모님 중에 한 분 이상, 친구들 중에 한 명 이상을 각각 초대해서 공연하는 미션이었다.

예산이라도 넉넉하면 아이들에게 비싸고 현란한 마술 도구를 지급하면서 외적 강화를 마음껏 할 수 있겠지만, 예산도 넉넉하지 않은 터라 최대한 아이들이 혹할 만하면서도 무대에서 공연하기에 적합한 마술들을 위주로 동기 유발이 되면서 해법을 쉽게 찾지 못할 만한 도구들로 엄선해서 수업에 들어갔다.

### (2) 공사 구분! 카리스마 호기심 유발(긴말 하지 않기)

수업 첫날! 강의실은 상담실과 붙어 있는 교실로 책상이 없는 방바닥 교실이었다. 수업 준비를 하고 마술사 의상을 입고 아이들을 기다렸다. 수업 시간이 다가오자 아이들이 우르르 들어오기 시작하는데 포스들이 예사롭지 않다. 중학교 2학년 남학생들! 일단 7명은 키가 나보다 훨씬 컸고, 딱 한 명만 160이 채 안 되는 나와 비슷한 키였다.

교실에 들어오는 아이들의 포스는 마치 조폭 코스프레 같았다. 허리를 구부리고 손은 늘어뜨리고 다리는 팔자걸음으로 오는 친구, 머리는 한쪽으로 치우친 상태로 침을 뱉으면서 오는 친구, 전화를 받으면서 오는 친구, 자기들끼리 때리는 장난을 하면서 들어오는 친구들 각양각색이었다. 표정들은 마치 '아줌마~ 의상 좀 쩌내요~!, 야 저 아줌마가 마술사인가봐~!' 이런 느낌!

자기들끼리 작은 소리로 웅성거렸다. 아이들이 들어올 때 전체적인 움직임을 쓰윽~ 스캔한 후 아이들이 어떻게 해야 하는지 바로 바른 행동 강령을 알려주었다. 아직 쉬는 시간이므로 다른 것은 전혀 터치하지 않고, 교실에 들어와서 어디에 앉아야 하는지 정도를 알려주었다. 아주 시크하게!

"자, 친구들 저 뒤쪽에 쭉 한 줄로 앉으시면 됩니다."

그리고 책상 위를 정리하면서 슬쩍슬쩍 아이들이 제대로 자리에 착석하는지 확인했다. 아이들은 의자가 없는 방바닥에 거의 누운 자세로 앉아 있었다. 아직 수업 시작 전이므로 그것에 대한 터치는 하지 않았다. 잠시 후 수업을 알리는 종이 울리자 바로 기선 제압에 들어갔다.

(3) 시크하고 당당하게 궁금증 유발 자기소개

먼저 아주 당당하면서도 시크하게 자신감 넘치는 목소리로 (목소리의

놀라운 마술 심리학

강약과 크기를 조절해야 하는데, 큰소리로 하지 않고 중간 소리와 작은 소리로 해서 아이들이 집중할 수 있도록 한다.)

"여러분 반갑습니다. 여러분과 함께 10주 동안 마술을 지도할 교육 마술 연구 센터, 마음채 심리 상담 센터장 홍미선입니다."

### (4) 회피 동기와 접근 동기 유발하기

그런데 여기 있는 친구들 중에 어떤 친구는, 1번 마술을 보기만 할 친구가 있구요, 2번 어떤 친구는 마술을 배울 친구도 있습니다. 3번은 마술을 보고 마술을 배우고 마술 도구를 선물로 받을 친구가 있습니다. 자, 과연 몇 번을 하고 싶나요?

### (5) 순간적인 목적의식 불러일으키기 - 기선 제압과 단호함

자, 그럼 먼저 마술을 일단 하나 보여줘 볼까요? 나는 쉽게 바로 열지만 상대방은 절대 열 수 없는 마술 상자를 보여주고 한 아이당 5초씩 열어볼 기회를 주자 아이들은 신나서 열어보더니 결국은 열지 못하고, 엉덩이를 들썩거리면서 "아~ 선생님 한 번만 더 줘 봐요. 예~? 한 번만 더 줘 보라고요~"라고 협박하듯 애원한다. 그리고 내가 1초도 안 돼서 바로 열어 보이는 시범을 보여주고, 이번에는 각각 10초 동안 열어 볼 시간을 주자 환호성을 지른다. 10초라면 자신 있다는 표정과 액션들이다. 하지만 10초 안에 그 누구도 열지 못했고, 마법의 상자는 모두 회수했다.

이제 드디어 기선을 제압하는 데 성공했다. 이제 아이들은 나의 한 마디 한 마디에 관심을 보이면서 마법의 상자를 한 번만 더 열어 보게 해달라며 간절한 눈빛을 보냈다.

### (6) Want를 이용한 학습 태도 교정

이때를 놓치지 않고 "여러분~! 이 마법의 상자를 갖고 싶습니까?"라고 묻자 "대박~ 네! 갖고 싶어요~!"라고 외쳤다. 그렇지만 아이들의 자세는 의자가 없는 곳이라 거의 반쯤 누워서 건들거리고 있었다.

"여러분이 갖기를 원하면 줄 겁니다. 하지만 아무에게나 줄 수는 없고, 이 비싸고 소중한 마술 도구의 주인님이 될 만한 자격이 있는 사람에게 줄 겁니다. 지금 줘 봤자 열지도 못하기 때문이지요."

### (7) 원하는 모범 학생의 조건 말하기(구체적 명시)

이 마법의 상자 주인님이 될 사람은 허리 펴고 어깨 펴고 멋지게 앉아서 선생님이 말씀하실 때 절대 말하지 않고 집중을 잘하는 친구입니다. 오~! 저기 하얀색 티셔츠를 입은 학생, 아빠다리하고 허리도 펴고 자세가 정말 멋지군요. 1점을 주겠어요. 2시간 수업이 끝나기 전에 10점이 되면 마법의 상자 주인님이 되실 겁니다.

첫째 날 아이들은 모두 자리에서 일어나서 마술 도구의 주인님이 되기 위한 마술 멘트 연습을 했고, 모두 마법의 상자를 받게 되었다. 수업이 시작된 지 15분쯤 흘렀을 때부터 옆 반에서 계시던 선생님 세 분이 복도 창문 틈으로 교실을 엿보셨다. 수업이 끝나고 무슨 일이냐고 물어보니 평소

같으면 수업 시작 5분 안에 의자를 던지고 밖으로 나가버리는 아이들인데, 선생님이 일어나라면 일어나고 앞으로 나오라면 나오며 말을 잘 듣기에, 도대체 어떻게 하면 그렇게 되는지 신기해서 봤다고 하셨다. 다음 주부터 수업에 참관하고 싶다고 하시길래 2회기 수업부터는 선생님들의 참관하에 수업이 진행되었다.

### (8) 서열

2회기 수업을 마치고 아이들 사이의 이상한 기운을 감지했다. 일반적인 아이들의 서열이라고 보기엔 굉장히 강한 서열이 존재하고 있었다. 마술을 보다 실감나고 놀랍게 연출하기 위해서는 마술에 쓰이는 소품들을 학생이 직접 준비하게 하는 것이 좋다. 그래서 지난주에 이어 이번 주에도 볼펜 가져오기, 마술에 쓸 물 떠오기, 마술에 쓸 종이 가져오기 같은 소소한 심부름을 각기 다른 친구들에게 시간 차를 두고 시켰는데, 가져오는 아이는 늘 같은 아이였다. 미심쩍은 부분이 있어 수업 중 아이들에 대해 파악한 부분에 대해 담당 선생님께 이야기하자 "선생님이 선입견이 생기실까 봐 말씀드리지 못한 부분이 있어요."라고 죄송해하며 히스토리를 말씀하셨다.

### (9) 그들의 정체

아이들은 학교 폭력의 가해자들로 일명 일진 아이들이었으며 현재 집행 유예상태인 친구들이었다. 그들의 가해 행위들은 정말 입에 담기도 힘든, 죄질이 매우 좋지 않은(윤간, 집단 구타, 금품 갈취, 따돌림 등) 사건들이었다. "죄는 미워하되 사람은 미워하지 말자."라는 말을 새기며 지도해 나가야 할 정도의 극악한 사건을 저지른 친구들이었던 것이다. 하지만 이들도 아직 미성숙한 아이들이었다. 누가 이들을 그렇게 끔찍한 일을 벌인 가해자로 만들었을까? 수업이 진행되면서 그 원인을 조금은 알 수 있는 상황이 있었다.

(10) 외적 강화(바로 보상을 받는 '즉시 강화'에서 만족 지연 능력을 향상시킬 수 있는 '장기 강화'까지)

아이들은 그동안 자발적으로 수업에 임하는 자세가 되어있지 않은 친구들이라 수업 상황에서 외적 강화를 수시로 진행했다. 수업 중간중간 태도가 좋은 친구에게 점수를 주고 점수를 받은 친구는 작은 쿠키나 초콜릿을 점수에 따라 바로바로 먹을 수 있는 방법을 활용했으며, 하루 중 가장 점수가 높은 친구에게는 'MVP'라 하고 그동안 보고 배웠던 마술 도구 중 한 개를 선택해서 가질 기회를 주었다. 마지막 10회기에는 최종 시상식이 있었는데, MVP를 했던 횟수가 가장 많은 친구 한 명을 뽑아서 나와 함께 멋진 레스토랑에 가서 식사할 수 있는 외식 쿠폰을 받을 수 있게 했다.

이러한 강화 방법에 아이들의 참여도는 매우 높았으며 점수를 얻고자 무척 노력했다. 그 덕분에 아이들은 수업 태도가 좋아졌을 뿐 아니라 마술의 실력 또한 날이 갈수록 좋아졌다.

## (11) 내적 강화

외적 강화가 어느 정도 자리 잡은 5회기쯤부터는 내적 강화도 함께 진행했다. 그러자 아이들은 공연 액트를 스스로 짜고 좀 더 참신하고 쇼킹하게 관객을 만족시키려고 노력했다.

## (12) 강요가 아닌 스스로 선택하게

공연 시에 특별한 의상과 소품으로 꾸며야 한다고 알리자 서열 넘버원과 넘버 투 친구들은 "아~오, 선생님 제가 가오가 있지, 아! 쪽팔리게 이걸 어떻게 입어요~오!" 하며 거세게 저항했다.

"알았어~! 도저히 못 입겠으면 안 입어도 돼! 근데 잠깐 너희들이 보고 선택해 봐. 사진 한 장씩만 찍어서 보여줄게!"라고 말하고 옷과 소품을 착용하기 전 사진과 착용 후의 사진을 찍어서 친구들에게 보여주었다.

## (13) 현실 직면

그리고 한마디~!

"솔직히 우리가 엄~~~청 마술을 잘하는 건 아니잖아~! 그런데 지금 입고 있는 이런 평범한 옷을 입고 무대 위에 올라가면 사람들이 '뭐냐? 쟤네들~ 뭐하려고 그러지?' 이렇게 생각할 텐데, 이렇게 쫙~의상을 챙겨 입으면 입장하는 순간 '와 쟤네들 뭐냐? 뭐하려고 그러지?' 말은 비슷하지만 목소리가 기대에 찬 목소리일걸! 너희들이 선택해~~! 메르비안의 법칙에 의하면 시각적인 것이 주는 영향력이 55%야. 이렇게 꾸미면 마술이 다소 약하더라도 55%의 효과는 그냥 따라오는 거거든! 너희들이 보니까 어때?"

아이들은 못 이기는 척 의상을 입기로 하고는 이젠 적극적으로 의상과 소품을 착용하고 굉장히 만족스러워하며 공연 시간을 기다리며 맹연습을 했다.

### (14) 지지와 격려

공연 당일 이 8명의 남학생들은 정말 쇼킹한 마술사 의상과 소품으로 꾸몄다. 리허설을 하려는데 넘버원 친구는 폭탄 머리 가발을 조금 부끄러워하며 "선생님 저 이 가발 괜찮아요? 가발만 벗고 공연하면 안 될까요?" 하며 지지받기를 호소하는 불안 증세를 보이고 있었다. 바로 나는 가발쓴 모습과 벗은 모습 사진을 찍어 보여주며 가발 쓴 모습이 훨씬 멋지다고 이야기하고 직접 보여주고 재확인시켜주자 확신을 갖고 가발을 쓴다.

### (15) 뭐시 중헌디?

공연 한 시간 전, 서열 넘버투인 친구가 아빠의 전화를 받더니 사색이되어 학원에 가야 한다며 공연을 못 하겠다고 한다. 공연 시간은 7시였고, 아버님은 그깟 공연이 무슨 대수냐며 빨리 학원에 가서 공부나 하라고 한 것이다.

백발의 가발이 달린 '백발 마녀 고깔모자'를 선택해서 스스로 "선생님이 머리를 이렇게 양쪽으로 땋는 게 더 괜찮지 않아요?"라며 적극적으로 본인의 의상 체크를 하고 친구와 둘이서 스토리를 짜서 적극적으로 연습했던 친구였다. 그 친구는 끝내 슬픈 눈으로 끌려가듯 학원으로 향했고, 7명의 친구들은 성황리에 공연을 마쳤다. 학원에 간 친구는 과연 집중을 잘할 수 있었을까? 아이 삶의 전환점이 될 수도 있었을 성공적인 공연을 마치지 못한 이 친구는 또 좌절을 맛봐야 했을 것이다.

### (16) 두근두근 그들의 공연

'친구 중 한 명 이상 초대!', '부모님 중 한 분 이상 초대!'라는 미션이 있었던 이번 공연은 성공적이었다. 많은 부모님과 친구가 ○○예술 회관의 좌석을 꽉 채웠다. 공연이 시작되니, 이런 이런, 객석에서 아이들의 사진과 영상을 찍던 나는 깜짝 놀라고 말았다. 초대되어 온 친구들이 다들 각자의 학교에서 한 가닥 하는 일진 언니 오빠들이었던 것이다. 친구들이 무대에 한 명씩 올라와서 마술을 선보일 때마다 욕으로 시작해서 욕으로 끝을 맺었다. 다행히 살벌한 욕은 아니고 그들만의 일상의 언어가 되어버린 욕이었다.

### (17) 최종 MVP 뽑기

공연이 끝나고 10회기 동안 너무 열심히 해주었던 아이들을 격려하고, 최종 MVP 한 명을 뽑으려 하는데, 아이들이 "선생님 우리 모두 너무 열심히 잘했는데 꼭 한 명만 뽑아야 돼요?"라고 한다. 마지막 최종 회기기 때문에 후보자가 3명 정도로 좁혀져 있다. 막상 MVP가 돼서 선생님과 레스토랑에 단둘이 가려니 조금 뻘쭘하고 쑥스러운 심리가 작용하기도 했고, 처음엔 수업에 좀 뺀질거렸지만 점점 열정적으로 노력했던 서로를 알기 때문이기도 했다. 그래서 제안했다.

"좋아. 그럼 뽑힌 친구랑 뽑힌 친구가 지명한 친구 한 명! 이렇게 셋이 고급 레스토랑에 가는 방법하고, 모두가 분식집에 가는 것 중 골라 봐."

그러자 아이들은 모두 함께 분식집에 가자며 눈을 반짝인다.


### (18) 모두에게 포상

8명의 아이들과 학교 앞 분식집을 가려고 했는데, 이런! 그 학교 앞에는 분식집이 없었다. 8명을 내 차에 다 태울 수도 없거니와 또 학교 밖에서의 안전상의 문제도 있어서 아이들 하교 시간에 맞춰 학교로 햄버거 세트를 사 가서 함께 먹었다.


### (19) 성공 기억 회상하며 공유하기

아이들은 성공감을 맛보고 모두가 함께 노력해서 즐길 수 있는 시간을 가질 수 있었다. 아이들은 햄버거를 먹으며 그날의 공연에 대해 이야기했고, 다시 그날의 감동이 밀려와 얼굴이 상기된 채 열심히 이야기꽃을 피웠다.

(20) 불변의 진리~! 가화만사성

심각한 학교 폭력의 가해자 아이들이었지만 이렇게 되기까지 과연 누가 이 아이들을 만들었는지 우리 어른들은 다시 한 번 생각해 볼 필요가 있다. 옛말에 '가화만사성'이라는 말이 있다. 마음채 심리 상담 센터를 운영하면서 많은 사례를 보았고, 상담을 해왔다. 많은 문제의 근원에는 바로 가정이 자리하고 있다.

(21) 에피소드 – 친구들의 환호의 말!

이 공연이 있기 2주 전쯤 근처 모 중학교의 학교 축제에 초대되어 마술 공연을 간 적이 있었다. 그런데 공연이 시작되자 그 학교 학생 몇이 내 옆에 앉아서 이런 말을 했다.

"야 이 쉐끼야~ 나 그 마술 안다 이 쉐끼야~! 그거 어떤 아줌마한테 배웠지 이 쉐끼야?"

여기서 안다는 것은 본 적이 있다는 말이다. 해법을 안다는 게 아니고 ~*^^* 그래서 나는 '그 아줌마가 나다~~이쉐키~~~~야'라고 말하고 싶었지만, 웃음을 꾹 참고 공연하는 아이들의 영상을 열심히 촬영했다.

## 실전 상호 작용(전체 내용 수록)

### 배울 마술: 동물 카드

1. 판서

〈약속〉

선생님이 말씀하실 때는 완전히 집중한다.

10점이 되면 도구를 받는다.

마술의 비밀을 꼭 지킨다.

아는 마술이 나오면 고개만 끄덕인다.


2. 목적의식 확인

지금 여기에 왜 와 있는 거죠? 우리 친구들~~ 여기 왜 왔어요?

몰라요. 🐶

몰라요?

맨날 와요~ 🐶

('몰라요'라고 성의 없이 이야기하는 친구들은 의도적으로 관심을 두지 않고

진행한다. 대꾸할 경우 불량스런 태도가 강화될 수 있다.)

지금부터 선생님과 함께 신기한 마술의 세계로 들어가 볼 겁니다.

우리 친구들 신기한 마술을 배우고 싶나요? 배우고 싶나요?

(작은 소리) 네~ 🐶

별로 안 배우고 싶은가 본데? 배우고 싶다고 하면 선생님이 막 알려

도 주고 마술 도구도 주려고 했는데…. 별로 안 배우고 싶구나! 배우

고 싶나요?

(큰 소리로 활기차게 다시 한 번 물어봐서 기회를 준다.) 네! 🐷

어우~! 우리 친구 알려줘야겠어요. 아주 큰 소리로 대답을 잘하는군요!(본보기 강화는 즉각적이고 빠르게 시행한다.)

자, 그런데 여러분들이 마술을 배울지 안 배울지는 내가 알려주는 게 아니에요!

### 3. 요술 부채 활용 행동 강령 제시 및 수업 시작 준비 확인

바로! 선생님이 뭐 가지고 왔어요?

부채요. 🐷

부채 가지고 왔지요~, 부채가 우리 친구들에게 마술을 알려주라고 할 건지 "알려주지 마세요~"하고 부서져 버릴 건지 알려 줄 거예요. 우리 친구들이 큰소리로 발표도 잘하고 멋지게 하잖아요? 그럼 이 부채가 쫙 펴지는데, 어머, 목소리도 작고 선생님이 물어보는데 대답도 안 하고 그러면 어떻게 돼요? 부서져 버려요. 부서지면서 "이 친구들에게 알려주지 마세요~ 알려주면 안 되겠어요~"그런다? 우리 친구들 여기 봅시다. 한번 물어볼게요, 친구들~!

자, 신기한 마술에 들어가면 잠시 후에 여러분들이 마술사가 될 거야. 근데 마술사가 되면~ 친구들! 마술사가 되면 사람들 앞에서 마술을 보여줄 거예요, 아니면 집에 가서 이불을 확 뒤집어쓰고 혼자 마술하면서 "으하하 하하 마술은 정말 신기해." 그럴 거예요?

이불 뒤집어쓰고 혼자 할 거예요, 친구들한테 보여줄 거예요?

혼자 막 이불 뒤집어쓰고 우와 정말 신기해 그러잖아? 그럼, 어디 가야 하는지 알아요? 병원 가야 할지도 몰라요.

〈울랄라 인사〉

그래서 부끄러움을 없애고 자신감을 향상시킬 수 있는 울랄라 인사를 한번 하고 부채에게 물어본 다음 마술 배워 볼까요?

안녕하세요 울랄랄라! 반갑습니다 울랄라라!

## 4. 구체적 행동 강화

어머! 1점! 우리 친구가 제일 잘한다! 몇 학년이에요?

다른 친구들은 부끄러워서 이렇게 살살 하는데, 이 친구는 이렇게 동작도 크고 신나게 뛰는 거야. 잘했어요. 1점 줄게요. 이번에는 몸은 좀 움직이기는 했어! 부끄러워도 좀 참더라? 근데 말을 안 했어 말을. 안녕하세요~ 울랄라라 반갑습니다~ 울랄라라~!

말까지 하는 친구는 어깨 짚어줍니다!

하나. 둘. 셋! 크게~ (울라라 인사) 앉아주세요!

## 5. 부채에게 물어보기

그럼 이제 마법의 부채에게 물어봐야겠군요! "부채야~ 부채야~ 요술 부채야~ 우리 친구들에게 마술을 보여줘도 되겠느냐?"

(부채가 펴진다.) 어? 근데 할 말이 있대!

우리 친구들이 첫 번째 인사할 때보다 두 번째 인사할 때가 잘하긴 했는데…. 목소리가 조금 작긴 했지만 움직이는 건 잘했기 때문에 부채가 펴졌대요.(이렇게 구체적인 설명 필요)

마술을 보여줘도 되겠대요!

친구들 신기한 마술이 나오면 어떻게 해야 할까요?

박수 😊

네 박수를 쳐주시고요! 혹시 보는데 아는 마술이 나오면 어떻게 해야 해요? "나 그거 알아요! 그거 이렇게 하는 거잖아요! 속임순데~" 그러면 될까요?

아니요. 😊

그러면 어떻게 해야 할까요? 입은 꼭 다물고 고개만 끄덕이는 거예요. 지킬 수 있겠어요? 자, 그럼 신기한 마술의 세계로 들어가 볼까요? 약속을 잘 지키는 친구들은 점수를 받게 됩니다.


6. 마술 보기

마술을 시작하기 전부터 한 장의 카드가 들어있는 봉투를 여기에 두겠습니다. 선생님이 마술하는 동안 건드리는지 안 건드리는지 보세요! 감시하는 거야 알겠지? 그리고 이 카드로 마술을 하겠는데요, 몇 장의 카드를 가지고 왔습니까? 이게 누굽니까?

거미 😊

거미! 거미는 영어로?

스파이더 🐻

스파이더! 그렇죠!! 이건 누굽니까?

뱀 🐻

뱀! 뱀은 영어로?

스네이크 🐻

스네이크! 오우~! 우리 친구들 여기 아주 똑똑한 친구들이 많은데요. 이건 뭐예요?

전갈, 벌, 개구리, 박쥐 🐻

자! 이제 눈을 감기 바랍니다. 여러분 중에 한 명만 뽑겠습니다. 눈을 감으세요! 눈을 감고 숫자 1, 2, 3, 4, 5, 6!

1에서 6 중에 하나를 생각 합니다. 눈 감고 있는 친구가 과연 누구일까요? 자! 한 명에게 가겠습니다.

눈 떠도 좋습니다. 우리 의젓하게 있는 친구 1에서 6 중에 하나를 말해주세요! 뭡니까? 1에서 6 중에 하나만 얘기해주세요.

3 🐻

그냥 얘기해요~3? 우리 친구가 3이라고 대답했는데, 우리 친구가 3이라고 할지 선생님은 미리 알고 있었습니다. 증거를 대볼까요? 선생님은 우리 친구가 이미 3을 고를 줄 알고 준비했는데요, 1, 2, 3. 3번째 카드가 뭡니까?

bee 🐻

네! 벌이지요? 마술하기 전부터 여기 봉투 하나 있었지요?

이 봉투 안에는 한 장의 카드가 들어있는데요, 놀랍게도 뭡니까?

벌 🐻

누굽니까?

벌 🐻

벌이에요! 봉투에 아무것도 없어요. 그런데 여기서 끝이 아니라 아까
부터 으으으~ 아~ 자, 여기 이 봉투 으으~

이 봉투 안에는 뭔가가 들어있어요. 바로 뭐가 들어 있느냐 하면 이
벌과 관련된 친구가 들어있어요!

자! 선생님이 봉투를 열 테니까 누군가가 앞에 나와서 손으로 꺼냅니
다. 알겠습니까?

## 구. 체험할 친구 선정하기 (수업태도 행동 강화 )

자! 누가 나올 거냐면, 아무나 안 시켜줍니다.

허리 펴고 어깨 펴고 반짝이는 눈으로 선생님을 바라보는 친군데요!

오! 아주 멋진 친구들이 많군요.

오, 이 친구는 오늘 울랄라 인사를 평소보다 더 큰 소리로 하고, 아
주 재미있는 표정을 지어서 체험 반장이 되었던 친굽니다. 선생님이
마술을 보여주는 동안 약속도 아주 잘 지켜주었던 친구예요.

오늘의 체험 반장 친구 나오세요!

## 8. 긴장감 조성 작업- 비언어적 표현 주의하기

조심해야 해. 알겠지? 물지도 몰라!

오오~! 선생님은 정말 이 마술 정말 위험해서~ 으으~ 안 하려고 하는데~ 으으~ 어우! 진짜 잘해야 한다! 자, 손 집어넣으세요!

## 9. 겁이 없는 친구가 나왔을 경우

오우~ 오~ 와! 이 친구는 정말 간이 큰 친구입니다. 혹시 간이 부어 있는 건 아니지? 어? 그런데 심장 소리는 난리가 난 것 같아요. 엄청 쿵쾅거리는데~! 친구 얼른 들어가세요.

우와! 우와! 친구들!

자, 저 친구는 정말 간이 큰가 봐요. 아주 대단한데요.

## 10. 예화를 통해 전이 효과 기대

선생님이 다른 중학교랑 고등학교 갔는데, 이 마술할 때 그 오빠들은 날아갔다? 무서워가지고.

정말 대단한 친굽니다.(놀라지 않아서 분위기가 다운될 수 있고, 그로 인한 죄의식이 생기지 않게 하기 위해 칭찬 강화)

## 11. 목적의식 고취

친구들 이 마술을 배우고 싶나요?

네

배우고 싶나요?

네

좋습니다. 우리 친구들에게 이 마술을 알려주도록 하겠습니다.
근데 이 마술을 하려면 할 줄 알아야겠지요?

네

그리고 점수를 받아야겠지요?

네

몇 점이 돼야 한다고요?

10점

아주 멋지고 큰 목소리로 부끄러워도 꾹 참고 잘하거나 자세가 아주
좋은 친구는 선생님이 one choice 하라고 할 거예요. 그러면 쿠키 한
개 골라서 먹고 1점도 받는 거예요.
자, 이제 시작해 볼까요! 나와라 나와라 요술 지팡이!
선생님이 사랑하는 요술 지팡이가 나왔는데요.
자, 선생님이 어떻게 하라고 그랬어요?


12. 본격적인 화술 교육 전에 약속 및 마인드 교육 재확인
아는 마술이 나오면 "나 그거 아는데~" 이러면 점수 받아요, 못 받
아요? 못 받아요. 입을 꼭 다물고 고개만 흔드는 거예요.
자, 그럼 일어납니다! 점수 받는 방법을 알려 드리도록 하겠습니다.

## 13. 마술 멘트

여기 보이시나요?

네 🐻

동그라미 마술사래. 보이지요? 여기하고 여기에 자기 이름을 집어넣는 겁니다. 선생님 이름은 홍미선이야. 그래서~ "안녕하세요. 홍미선 마술삽니다!" 이렇게 할 건데, 여러분은 홍미선이 있습니까, 없습니까?

없어요~ 🐻

## 14. 빠른 이해를 돕기 위한 멘트 시범

우리 친구 이름이 뭔가요? 자, 뭔가요?

○○○ 🐻

"안녕하세요. ○ ○ ○ 마술삽니다." 하는 거예요. 우리 친구는 이름이 뭐예요?

△△△이요. 🐻

선생님이 한 줄 하면 따라 하는 겁니다. "안녕하세요. 홍미선 마술삽니다~" 자기 이름 집어넣는 거예요.

안녕하세요. △△△ 마술삽니다. 🐻

좋아요! "여기 카드가 있는데요~" 입을 크게 벌려야 해!

여기 카드가 있는데요. 🐻

그렇지요. 이 친구 좋습니다. (어깨 짚어준다.)

팔짱 안 끼고 멋지게 큰 소리로 잘해서 어깨 짚어줬습니다~ (어깨 짚어준 이유 바로 설명)

## 15. WANT 심리 자극

1점이에요. 우리 친구 one choice 하시고 1점 받는 겁니다.
하나 골라서 드세요. 한 번 짚으면 1점이고 또 짚으면 2점인데요, 점수
계산 잘해야 해요. 지금 혼자 1점 받았지요? 또 누구 받았어요? 그렇
지, 그렇지. 1점씩이지요. 다른 친구들은 지금 0점이에요.

## 16. 회피 동기 자극

9점 돼서 울면 줄까요? 울어도 안 줘요. 큰 소리로 해야 선생님이 어
깨 짚어줘요.

> 눈을 감고 1에서 6 중에 하나를 고르세요. 🐻

오! 아주 좋습니다.

> 네! 저는 당신이 3을 고를지 이미 알고 있었습니다. 🐻
> 그 증거는 숫자 3, 벌 카드이지요! 여기에는 한 장의 카드가 있는데요,
> 놀랍게도~ 벌 카드 맞지요?

좋습니다!

> 이 봉투에는 벌과 관련된 무언가가 있는데요. 🐻

그렇지요. 큰 소리로 하면 어깨 짚어줍니다. 입 크게 벌리셔야 해요.

> 한번 꺼내보세요. 🐻

오~! 소리가 커지고 있어요.

네! 지금까지 ○○○ 마술사셨습니다! 🐻

어디서 홍미선이라고 하는데?(끝까지 추궁하지 않는다.)

네, 지금까지 ○○○ 마술사셨습니다. 감사합니다. 🐻

## 17. 점수 받는 구체적 방법 제시

오우~ 친구야! 다른 사람 점수 계산하지 말구요. 자기 것만 하세요. 알았지요? 그래요. 좋아요. 자, 준비!

얘들아! 이번에는 "액션" 하면은 너희들만 하는데, 선생님이 돌아다니면서 어깨 짚어줄 건데, 선생님이 어깨 안 짚어 준 친구 있지? 그런 친구가 어떤 친구냐면 손으로 막 장난을 한다든지 몸을 흔든다든지 입을 작게 벌린다든지 하는 친구 있죠? 그런 친구는 선생님이 어깨 안 짚어줬어요. 알겠지요?

자! 어머, 나는 어깨 안 짚어 줬는데 하는 친구 있죠? 그런 친구는 내 손이 이상한가, 목소리가 작았나, 생각하면 돼요. 이 손은 어떻게 하는 게 제일 좋으냐면~ 지금 손에 마술 도구 있어요, 없어요?

없어요. 🐻

없는데 있는 것처럼 흉내 내는 거야~ 아까 선생님이 마술 도구 가지고 카드 보여주면서 "이 카드엔 있나요? 한 장의 카드가 있는데 한번 열어볼까요?" 이렇게 했지요~? 없는데 있는 것처럼 흉내 내는 거야, 손동작은.

자, 이번에는 선생님이 이걸 알려 줄 거에요! 선생님이 무슨 표시를 하는지 잘 보세요! 선생님이 무얼 표시하는 걸까?

> 쉬는 거 🐻

누가 쉬는 거라 그랬어요? one choice 하시고 1점 받으세요. 아주 멋집니다! 자, 이 표시가 있는 데서는 마음속으로 하나, 둘, 셋을 외칩니다. 알겠습니까?

### 18. 반장 뽑기 놀이

준비! 처음부터 합니다. 큰소리로 손동작하는 친구 점수 많이 줍니다. 액션!

> 안녕하세요. ○○○ 마술삽니다! 🐻

얼음!(반장 뽑기에 대한 설명은 얼음을 한 상태에서 모두가 집중하고 있을 때 중간중간 말해주는 것이 집중력 지속에 효과적이다.)

이번에는 여러분 중에 반장을 뽑을 거에요. 반장은 아무나 뽑는 게 아니라 지금 선생님이 어깨 짚어주는 친구는 반장이 되는 거에요. 반장이 되면 1점이 자동으로 되는 거에요! 알겠죠?

자! 계속합니다.

> 여기 카드가 있는 데요~ 🐻

어~ 좋아요.

> 눈을 감고 숫자 1에서 6 중에서 하나 고르세요. 🐻

어우! 좋아요! 크게 합니다. 계속하세요.

네, 저는 당신이 3을 고를지 이미 알고 있었어요.

하나, 둘, 셋!

그 증거는 숫자 3, 별 카드지요!

오우! 좋습니다. 크게 하는 친구는 선생님이 어깨 짚어줍니다.
계속하세요.

여기 봉투에는 한 장의 카드가 있는데요.

좋아요!

놀랍게도 별 카드 맞지요?

하나, 둘, 셋!

이 봉투에는 별과 관련된 무언가가 있는데요.

좋아요.

한번 꺼내 보세요.

어머 정말 처음 하는 친구들 맞아요? 계속 하세요.

네~ 지금까지 ○○○ 마술사였습니다. 감사합니다.


19. 반장 앞으로 나오게 하고 규칙 설명해주기

좋아요. 선생님이 좀 전에 어깨 짚어준 친구 빨리 나오세요.
어깨 짚어준 친구~ 이 네 명의 친구가 반장이구요! 이 친구는 여기
여기 이 두 명 중에 한 명을 뽑아요! 앉으세요.
앉아, 앉아! 여기 반장 의자에 앉습니다. 친구는 이 세 명 중에 잘하
는 사람 한 명 데리고 와요!

자 준비됐습니까? 반장들 자세가 안 좋으면 안 됩니다! 허리 펴고 어깨 펴고 그렇지요. 멋진 모습으로 반장들~ 반장님들은 one choice 하시고 1점씩 되는 거예요! 끝난 다음에 여러분이 가서 데려오는 사람이 다음 반장이 되는데, 그 반장도 1점이 되고 one choice 하시고 1점 받는 겁니다.

아무나 데려와서는 안 돼요. 자기가 좋아하는 언니, 오빠, 친구 데려오면 돼요, 안 돼요?

안 돼요. 

안 됩니다. 장난치는 친구 절대 데려오면 안 됩니다. 지금 마술 시작했어요, 안 했어요?

했어요! 

지금 지금~

안 했어요. 

## 20. 발표 전 구체적인 태도 강화
멘트 아직 시작 안 했지요~?

네

안 했을 때도 봐. 지금 까불고 막 장난치고 있고 밉게 몸을 흔들고 있는 친구는 데려오지 마세요. 아무리 발표 잘했어도~ 알겠죠?

네

(마술 발표 중략)

자, 반장들 앞에 있는 마술사들을 잘 보셨나요? 앞에 있는 마술사 중에 한 명을 누굴 뽑을지 결정했나요? 결정을 못 했다면 지금 5초 안에 결정 하셔야 합니다. 어, 친구! 그러다 감점당해요.

반장 되었다고 까불다 감점당하면 점수 못 받아요. 알겠죠?

친구들 큰일 나요. 멋지게 있어야지! 자, 이제 일어나서 "축하해~" 하면서 어깨를 짚어줍니다. 갑니다! 다음 반장이 이 친구라면 "축하해~" 이러는 겁니다. 5초 안에 갑니다.

5, 4, 3, 2, 1 땡! 그 자리로 갑니다.


좀 전에 반장들은 자기가 뽑은 마술사가 서 있던 자리로 가세요.

반장이 뽑았던 그 자리로 가는 거예요. 우리친구는 이 친구 두 명~ 이 둘 중에 한 명 뽑는 거야. ○○이는 이 두 명중에서, 친구는 이 세 명 중에 한 명 뽑는 거야. 이렇게 까불면 시켜주면 안 돼. 알았지? (아주 소심하거나 자신감이 없는 친구에게는 절대 사용하면 안 되고, 지속적으로 장난을 치거나 누가 봐도 태도가 불량할 경우만 사용)

시작 전에 까불면 시켜주면 안 돼요~

준비! 시작 전에도 의젓하게 있는 친구를 시켜주기 바랍니다.

큰소리로 멋지게 잘하는 친구! 근데 얘들아! 이 마술은 조금 어려운 마술이에요. 하지만 선생님 말을 잘 듣고 집중을 잘한다면 아주 쉽고 재미있는 마술이 될 수 있어요. 왜냐하면 이 마술은 막 말만 하면 되는 마술이 아니라 말을 하면서 카드를 보여 줘야 하기 때문이야. 저 멘트만 보면 도대체 뭔 소린지 모르잖아. 그렇지요? 카드를 탁탁탁 보여주면서 하면 재미있단 말이지.

준비! 액션! 앞에 보세요. (추임새는 한 번씩 넣어준다.)

입을 크게 벌리고 큰 소리로~ 대단한 친구들입니다.

자, 가서 데려오시기 바랍니다. 반장 새로 뽑은 반장 자리로 갑니다.


## 22. 새로 뽑힌 반장들에게 반장 임무 상기

반장은 이제 ~ 준비! 자세 보세요. 자세! 아무나 뽑지 않아요. 반장들 이번에는요, 목소리도 크지만 표정도 좋은 사람 데려와야 해요.

막 봐 봐. 표정 변화가 없이 "안녕하세요~ 홍미선 마술사입니다." 하는 이런 친구 데려오지 말고, "안녕하세요~^^ 홍미선 마술사입니다.^^" 하며 눈도 커졌다가 작아졌다가 표정 변화가 있는 그런 친구들 있지? 그런 친구 데리고 와요.

자~ 준비! 액션!


## 23. 과정 칭찬 강화

어~우와! 너네~ 아까보다 진짜 많이 좋아졌다. 아까는 막 움직이는 친구도 있고 목소리도 작은 친구가 있었는데, 그치?

반장들~ 아~뽑기 힘들겠다. 자! 아직 말하지 마세요.

얘네들 반장 한 번씩 다 했지? 안 한 사람 있습니까? 반장?

반장 안 했던 친구가 있다면 그 친구가 잘했으면 뽑아주면 좋고요! 했던 친구들만 있다? 그 친구 중에서 완전 잘한 친구 한 명씩 데려옵니다. 알겠습니까? 가서 데리고 옵니다. 이번이 마지막 반장입니다. 이번이 마지막입니다. 얼른 반장을 뽑아주세요. 5초 안에 뽑아주세요.

5, 4, 3, 2, 1, 0 땡!


### 24. 반장의 모호한 선택 (교사의 관찰이 필수)

누구예요~? 🐻
A아이

A 친구입니다!

저라는데요? 🐻
B아이

누구입니까? 반장은 A를 딱 건드리면서 B를 부릅니까? 그러면 아주 헷갈리지요. 그렇지요? 좀 전에 A를 딱 건드리던데? 그렇지요? 건드렸어요. 안 됩니다. 이 친구(A)가 반장 하셔야 합니다.


### 25. 반장의 자격 박탈 사유 (새로운 반장 선택 시 발표한 예비 반장들 앞에서 누구를 선택할까 왔다 갔다 하면서 약 올리는 경우)

그렇게 하면 반장의 기회를 잃습니다. 망설이면 안 돼요.
선생님이 여기에 있을 때 이미 선택해야 해요. 앞에 가서 생각하면 안 돼요. 알겠지요? 우리 멋진 마술사들을 기만하는 행위입니다. 우리 마술사들이 아주 기분 나빠요. 자존심 상해요. 그러지 않습니까?

반장이 미리 생각하지 않고, '누구를 뽑아 줄까~' 하고 마술사들을 약 올리시면 그 자격을 박탈당합니다.

자 준비! 스탠바이! 아무나 뽑지 않아요! 알겠죠?

점수 계산 잘해야 합니다! 9점 되면 안 줘요!~(회피동기자극)

액션! (멘트)

얼음! 마술사, 반장들 잘~ 들으세요. (마술 멘트가 끝나기 전에 마술사들에게 다시 한 번 상기시켜서 반장의 역할인 비판적 사고 능력을 기를 수 있도록 하기 위한 얼음임.)


## 26. 여러 번 지속적으로 반장 놀이 할 경우 업그레이드 버전 제시

반장님들 점점 좋아지는 친구를 데려와야 합니다. 친구는 반장 처음 해보지요?

자! 반장 한 번씩 해봤지요? 아까 목소리보다 지금 목소리가 더 커진 친구들 있지요? 표정도 점점 더 좋아지는 친구 있지? 그지?

그 친구 데려오는 거야 알겠죠? 자 준비!

계속합니다. (멘트) 좋아요~입을 크게 벌리세요. (멘트)

우와! 입을 쫙쫙 벌리는 친구 있다. 반장들 일어나세요. 마음속으로 지금 생각합니다. 앞에 가서 선택하지 않아요.

"지금 가세요!" 하면 딱 가서 반장될 친구 어깨 짚어 주면서 "축하해~" 해주는 거야 알겠죠? 자 준비! 갑니다!

자, 이제 나오지 않아요. 점수 받고 나오지 않아요. 자기 자리로 빨리 가서 앉습니다. 의자 가져가시구요. 자기 자리로 가서 앉아주세요.(반장 놀이 마무리이기 때문에 새로운 반장이 앞으로 나오지 않는다. 대신 점수는 받는다.)

## 27. 중간 점수 확인

현재 자기 점수를 손들어봅니다. 1점인지 2점인지 3점인지 반장 한 번 했으면 1점, 2번 했으면 2점입니다.
선생님이 한 번 또 짚어줬다? 그러면 3점입니다.
몇 점입니까? 올려주세요.

3점

3점 몇 점? 손들어 주세요! 번쩍 번쩍!
좋습니다. 대단합니다! 내리시고!

## 28. 도구 주기 전 점수 맞추기

이제 엄청난 점수 5점을 받을 기회입니다.
도전하겠습니까?

네~~

하지만 만만치 않으니까 잘 보시기 바랍니다. 이번에 성공하고 도전한다면 5점을 받을 수 있는 절호의 기회입니다.

## 29. 접근 동기와 회피 동기 자극

우리에게 주어진 시간은 45분까지! 45분 안에 10점을 획득해야 합니다. 10점을 획득하지 못한다면 받을 수 없겠지요? 알겠지요?

네! 🐻

지금 연습했지요? 자, 지금부터 마술 멘트를 안 보고! 틀려도 괜찮아요! 기억이 안 나도 괜찮아요. 지어내 버리는 거야! 안 보고 도전할 사람 지금 빨리 나오세요.

여기 쭉~ 한 줄로 섭니다. 자! 5초 안에 도전한다면 5점을 받을 수 있는 기회가 있습니다. 쭉 나오세요. 모두가 도전한다면~ 모두가 5점을 받을 수 있습니다. 이것은 틀려도 괜찮아요! 기억이 안 나면 막 지어내 버려도 되는 거야. 얼른 나와요~ 자! 얘들아 앞으로 한 발 옵니다. 앞으로 한 발. 여기 남아있는 친구 3명 있어요.

자, 5초 안에 나갑니다.  5, 4, 3, 2, 1, 0. 땡!

자 준비됐나요?

모두 나왔다면 모두에게 용기 점수 5점씩 주고, 3명이 끝까지 나오지 않았다면 "너희들은 심사위원입니다"라고 해서 심사를 할 수 있도록 한다.


## 30. 도전 의지 강화

친구야 얼른 나가 봐요. (다시 한 번 권유) 괜찮아. 틀려도 괜찮아. 생각 안 나면 지어내면 돼. 선생님은 지어내서 하는 걸 더 좋아해.

자, 한 줄로 서세요. 한 줄로 옆으로 친구들 이쪽으로 와주시기 바랍니다. 하지만 얘들아 너희들은 최선을 다했습니다. (나오지 않은 친구가 마음의 준비가 되어 자발적으로 나올 수 있는 날까지 모두가 지지하며 기다려 주는 분위기를 조성하고 모두에게 격려한다.) 우리 친구는 다음에 준비되면 알려 주세요.(표정 주의)

얘들아 기억이 안 나도 괜찮아요. 기억이 안 나면 어떻게 할 거야?

지어내요~ 🐻

지어내 버려. 제일 안 좋은 건 아무 말도 안 하고 가만히 있는 거야. 기억이 안 난다고 입을 꾹 다물고 가만히 있으면 안 되겠지요. 하지만! 기억이 안 나도 괜찮아요. 선생님하고 똑같이 안 해도 돼요. 그냥 지어내 버려 이해됐어요?

잠깐 눈감아보세요. 여기 카드 있구요, 눈감고 1에서 6 중에 하나 골라 봐요! 어? 나 당신이 3 고를지 이미 알고 있었어요.

그 증거 보여줄까요?

자 보세요. 숫자 3 카드, 벌 카드 맞지요? 이렇게 쭉 가는 거야.

그림을 그리듯이~ 눈 뜨시고, 자, 준비 액션! (멘트-추임새)


### 31. 성취감 향상을 위한 전체 칭찬 강화

얘들아! 선생님이 다른 학교도 마술 알려주고 보여주기도 했거든?
근데 게네들은 솔직히 조금 쉬웠어. 마술 멘트도 저렇게 안 길었어.
근데 너네가 젤로 긴 멘트야.

이 멘트를 이 정도로 하면 정말 훌륭한 거야. 깜짝 놀랐다.

너희들 너무 멋지다. 여러분 모두에게 5점씩 주겠습니다!

빨리 들어가세요~ 5점씩!!


### 32. 중간 점수 계산

그럼 너네 앞에 나온 애들은 7점 받았어요. 현재 10점 된 사람 있어
요, 없어요?

12점이요~ 10점이요. 🐻

넘었네 넘었어. 몇 점이에요? 어머어머어머어머~ 좋아요!

자! 10점이 되지 않으면 마술 도구를 주지 않습니다.

이제! 이제까지 연습을 한 번 했지요, 친구들.

친구들 자! 이제 선생님을 바라봅니다.


### 33. 집중력과 관찰력 향상을 위한 마술 시연

선생님이 또 한 번! 아까는 아무 생각 없이 마술 봤지요?

이번에는 마술 멘트 다 알지요? 다시 한 번 보여주겠습니다.

멘트하고 카드 연출을 어떻게 하는지 잘 보세요.

마술을 잘하면 관찰력과 집중력과 과학적 사고 능력이 길러집니다.

지금 선생님이 마술 멘트와 함께 마술하는 걸 보면서 여러분은 지금,
집중력과 관찰력이 길러질 겁니다!

## 34. 우월 심리 자극

지금 잘 보는 친구는 잠시 후에 마술 도구 받게 될 건데, 받은 다음에 세팅부터 시작해서 어떻게 하는지 알아낼 수도 있어요!

집중 잘해서 보세요~ 알겠죠? 카드 한 장이 여기 있구요, 으으으

(마지막에 보여 줄 카드 옆에 다 무서운 듯 놓는다.)

안녕하세요. 홍미선 마술사입니다.

제가 여기 카드 몇 장을 가져왔는데요, 누구지요?

> 박쥐~ 🐻

누구지요?

> 개구리~ 🐻

누구지요?

> 벌, 전갈, 뱀, 거미 🐻

자! 여러 곤충 카드가 있습니다. 눈을 감고 숫자 1에서 6 중에 하나를 생각해주세요. 눈을 감아주세요.

자, 선생님이 어깨를 짚어줄 친구에게 가보겠습니다.

어~ 자, 아주 멋진 친구가 있는데요, 어머나~ 누구에게 갈까요?

자! 눈을 뜹니다. 모두 눈 뜨세요. 숫자 1에서 6 중에 마음에 드는 숫자 하나를 생각해보세요. 뭡니까?

> 5 🐻

이리 나와 주세요. 여기 섭니다. 아까 친구는 숫자 3을 선택했고요,

이 친구는 숫자 5를 선택했습니다. 그죠~? 나는 이 친구가 숫자 5를 선택할지 이미 알고 있었습니다. 그래서 마술하기 전부터 여기 한 장의 카드가 있었는데요, 이 안에 바로 5에 관련된 친구가 있겠죠? 한 번 봅시다! 1, 2, 3, 4, 5 이건 누굽니까?

뱀~ 🐻

누구예요~? 뱀이죠? 그럼 이 속에 뱀 카드가 있어야 하네? 그죠? 한 장의 카드가 있는데 놀랍게도 뱀 맞습니까?

네! 🐻

맞습니까?

네! 🐻

그런데 여기서 끝이 아니지요? 으~ 여기에 뱀과 관련된 친구가 있어. 아! 나 진짜… 이것 때문에 아까부터 그랬던 거야?
이리 와, 이리 와. 우리 친구가 꺼내!
혹시 으으~ 니가 못 꺼내겠니?

끄덕끄덕 🐻

다른 친구? 아니야, 니가 꺼내. 니가 꺼내 봐!

아니요~ 🐻

할 수 있어! 할 수 있어! 어서 손 집어넣어봐. 자, 용기를 갖고 손 집어넣는 거야. 손 쑥 집어넣어. 으악! 봤어? 물었어? 안 물었어? 깊숙이 집어넣어야지 깊숙이!
"선생님 제가 한번 꺼내볼게요." 하는 사람? 이 안에 아주 작은 뱀인

가 봐. 나 너무 징그러워 죽겠어. 어우, 야 뱀이 나오려고 해. 어떻게
~~

버려요~ 🐻

버려? 어우야 그건 안 되지! 얘도 생명인데 버리면 안 되지, 그럼 안
되지. 누가? 누가 해볼까요?

어! 꺼내. 누가 나오느냐면 어~~~친구 나옵니다. 무서워서 도망가
면 안 돼요! 자, 용기를 내! 이제 넣어

꺄~ 🐻

안 물었어?

네 🐻

꿈틀대나 봐. 야야 기절했어. 기절했어. 어머어머 어떻게! 어떻게! 어
머! 안 나와. 안 나와. 저 속 깊숙이 들어가버렸어. 놀랐나 봐.

꺼내요. 🐻

어떡해? 꺼내버릴까? 좋아. 다른 친구가 꺼내 볼까? (무서워할 경우)
어~ 누가 해볼래? 누가 해볼래? 누가 해볼래? (겁 많고 순진한 친구로
하면 효과적) 우리 유치원 동생이 해볼까요?

저 할래요. 저 할래요. 🐻

좋아요. 우리 유치원 동생 한 번 나와보세요.

자, 으으~ 물리면 어떡해. 손 집어넣어서 꺼내는 거야. 자~ 손 집어
넣어. 손 집어넣어 봐. 00아, 괜찮아. 넣어 봐. 울겠어. 무섭지? 누가
해볼래?

오~ 좋습니다. 어머 어머! 얘가 꿈틀꿈틀 삐져나오려고 그래. 어머! 어떡해, 어떡해! ○○친구 나옵니다. ○○친구 나오세요. 이쪽으로. 할 수 있어. 3점 줄게!

기회야. 절호의 기회! 어? 튕기면 안 되지. 쑥 집어넣어 봐. 자, 손! 들어가세요, 들어가세요. ○○이 도전 한 번 해볼까요? 도전 한 번! 자, 손 한 번 쑥~집어넣으시기 바랍니다. ○○이 나옵니다. 좋습니다. 얘들아 아아! 어!!! 봐 봐. 봐 봐. 어! 대단합니다. 아주 손 쓸 틈이 없이 재빠르게 가져갔습니다. 아주 가서 그냥 확 잡아버렸네. 친구들 큰 박수 부탁드립니다. 이거였어. 이거였어. 왜 놀라고 그래. 이거였는데….


35. 해법을 공개한 후 실망할 수 있으므로 마술의 해법에 대한 퀴즈를 내서 신뢰감이 사라지지 않도록 한다.

마술은 사기일까요, 속임수일까요?

그렇다면 사기와 속임수의 차이는 무엇일까요? 자, 친구

속임수는?

우리 친구 정답은 아니었지만 자기 생각을 잘 말해 주었으니까 1점 주겠어요. 정답도 중요하지만 우리 친구들의 생각을 말해 주는 게 더 중요해요. 우리 친구들이 몰라야 선생님이 가르쳐 줄 게 있지. 그래야 선생님은 신 난답니다. 정답을 모른다고 걱정하지 말아요~!

사기도 속이는 거고 속임수도 속이는 건데 거짓말하는 거야. 근데 사기는 다른 사람한테 거짓말을 해서 손해를 입혀요. 속임수도 거짓으로 속이는 거니까 바람직하진 않잖아. 그렇지? 근데 마술은 속임수는 속임순데 그냥 속이는 게 아니라 무슨 원리를 이용해서 속여?

과학~ 

그렇지요. 친구 1점 주겠습니다.

과학의 원리를 이용해서 사람들을 즐겁게 해주는 속임수입니다.

## 36. 구체적인 과학의 원리 설명

알겠습니까?

네~ 

이거 봐 봐. 선생님이 이거를 이 봉투에다가 넣었지? 그랬더니 아까 드르르르 소리 나니까 뭐가 있는 것 같아. 아까 좀 놀랐지?

아니요. 

그래, 넌 간이 커서 그래. ('아니오'라고 한 친구에게 관심을 너무 주면 안 됨, 담담하게 간단히 말하고 진행 할 것)

자, 봐 봐. 요거를 그냥 집어넣으면 소리가 나겠어? 안 나겠어?

안 나요.

이 상태로 그냥 집어넣으면 소리 안 나. 그리고 이것은 이 봉투에 집
어넣으면 소리 나겠어, 안 나겠어?

안 나요.

### 37. 과학의 원리를 함께 알아보는 과정

왜 하필이면 이 봉투(얇은 봉투)가 아니라 이 봉투(두꺼운 봉투)에 넣었
을까? 여기에서 과학의 원리가 들어가는 거야.
알 수 있는 사람?

저요!

왜 얇은 봉투가 아니라 두꺼운 봉투에 넣었으며 왜 얘를 이렇게 넣으
면 안 되고, 어떻게 넣어야 소리가 나는 걸까요?
자, 우리 친구!

얇은 것에다가 넣으면 찢어질 수가 있고….

박수 한 번 쳐 줍니다. 몇 학년이에요? 1학년이에요?
우리친구는 아까 멘트도 잘하고 굉장히 적극적으로 열심히 하더니
친구 아주 똑똑하다. 1점 주겠습니다. 아주 잘했고요.

### 38. 비판적 사고 능력 및 상호 보완 능력 향상

우리 동생이 했지만 조금 보충해줄 사람~, 보충해줄 사람 있습니
까? "선생님 저 동생 말이 맞긴 하는데요, 제가 좀 더 보충하자면 이

거예요."라고 말해 줄 사람?

자, 우리 동생이 뭐라고 했냐면요, 얇은 종이에 넣으면 이걸 또 그냥 넣는 게 아니고 빙글빙글 돌리지요, 그죠? 빙글빙글 돌려야 드르르르 소리가 나면서 돌겠지? 맞지? 얇은 종이에다가 넣으면 종이가 찢어질 수 있어요. 두꺼운 종이에 넣어야 안 찢어지겠지요! 찢어지는 문제도 있지만 얇은 종이에 넣으면 찢어질 수도 있지만 두꺼운 종이에 넣어야만 하는 이유가 반드시 있어요! 뭘까요?

소리가…. 🐻

그렇지요~ 친구 1점 주겠습니다. 두꺼운 종이라야 마찰이 좋아서 드르르 소리가 더 잘나겠지요, 그죠? 근데 소리 나요, 안 나요?

안 나요. 🐻

어떻게 해야 할까요?

잡아야 해요. 🐻

어디를?

몰라요~ 벌려야 해요. 🐻

어디를?

봉투 입구를 🐻

여기를?

네 🐻

여기를? 벌려? 이렇게? 벌리니까 나긴 난다. 근데 사람들한테 이렇게 벌리면 들통이 날 수 있잖아.

어? 너희 말이 맞긴 맞았어요~ 어~ 그렇지 그렇지, 똑똑한 친구들 이군요. 태권도복 입은 너희 둘에게 1점씩 주도록 하겠습니다.

자, 그럼 선생님이 돌리고 돌리고 돌리고~ 이걸 돌리지 않으면?

안 돌아가겠죠?

그러면 소리가 안 나겠지요?

### 39. 전이 효과

이 사람들은 이 안에 벌이나 뱀에 관련된 게 있는지 알고 무서워서 벌벌 떠는데, 근데 마침 손을 집어넣는 순간 드르르 소리가 나면 놀라겠어? 안 놀라겠어?

놀라요~

야~ 어떤 형은 놀라서 뒤로 자빠졌다니까?

고등학생 형이었는데, 자, 넣었어요~넣었지요?

자, 봐 봐. 어디를 눌러야 되냐면, 사람들에게 "이제 으으으으, 자, 손 집어 넣어보세요~" 이렇게 하면 되겠어요? 안 되겠어요?

"으으으 자~ 으으… 손 집어 넣어보세요…."

내가 막 벌벌 떨면서 해야 해. 그래야 사람들이 '아, 뭐 있나 봐.' 그러지~ 내가 꽉 누른 다음에 손 한 번 넣어보세요. 이 안에 뭐 있어도 죽었겠다, 눌려가지고. 뭐 있어도 깨져 죽었겠어~ 그치?

그래서 여기를 잡으면 안 돼. 그래서 여기! 얘를 누르면 안 되니까~ 그치? 살아있는 것 쥐고 있으면 죽잖아, 그치? 그래서 상상하게 만들어야 해. 어떻게?

그럼 퀴즈!!

1번 사람들이 손을 여기에 댔을 때 소리가 나게 한다.

2번 여기까지 왔을 때 소리 나게 한다.

3번 손을 집어넣었을 때 소리 나게 한다.

3번~ 🐻

왜 3번이야?

봐! 봐라. 얘들아 여기 있을 때 소리 나게 하면 별로 겁을 안 먹어. 근데 손이 들어갔지? 들어가면 얘가 안 보이잖아. 그때 '드르르르' 하면 놀라는 거야. 그때 여기 가운데를 눌러주는 거야. 그럼 벌어지면서 드르르르 소리 나는 거야. 이해됐어요?

근데 ○○ 아이들은 간 큰 친구들이 많더라. 별로 안 놀라더라? 너네 대단하다? 그죠? 뭐 먹고 그렇게 간이 커졌어?

자, 친구들 좋아요! 해법을 공개하도록 하겠습니다. 알겠습니까?


## 40. 마술 해법 알려주기

첫날은 이렇게 멘트와 함께 마술 도구 주면서 해법 알아보는 시간! 두 번째 시간은 해법을 충분히 연습한 후에 마술 도구 가지고 멘트 연습하시고, 1대 1 발표하시고, 개별 발표하시고 충분히 내 것으로 되게 하고 해법을 스스로 찾아보게 합니다. 친구들 알겠죠? 잘 보세요~.

네 🐻

이 카드는요, 6개의 카드가 있고 여기 1장의 카드가 있는데, 이 작고 얇은 봉투에서 나왔던 카드 있지요! 이 카드는 한쪽은 벌, 한쪽은 뱀이에요, 그죠?

여기에서 아까 너희 숫자 1에서 6까지 선택하라고 했지요! 1번을 하든지 2번을 하든지 3번, 4번, 5번, 6번을 하든지 뱀 아니면 벌만 나오게 되어있습니다. 진짜로!! 그 이유를 알려줄까요?

상대방이 1을 선택했다! 그럼 어떻게 할 거야? 잘 봐 애들아. 6장의 카드가 있지요?

네 🐻

1번을 선택했을 때 뭐라고 확인시켜줄까? 아까 아까 5번 선택했지? 하나, 둘, 셋, 넷, 다섯! 다섯 번째 카드, 5번 뱀 카드.

제가 그 증거를 보여줄까요? 이거 보여주고~.

이때! 뱀 보여줘야 하는데 이렇게 벌 보여주면 어떨까? 아니면 뱀 보여주고 다시 넣을 때 벌 보여주면 될까? 벌이 절대 안 보이게 해야 하는 거야 알겠죠? 꺼낼 때 뱀만 딱 보여주고 바로 내려놔야 해요. 이해됐어요? 근데 5번은 그렇게 했어! 그럼 1번은 어떡할까 1번! 자, 아까 3번은 어떻게 했어? 1, 3 벌입니다. 이렇게 했지? 1번은 어떡할 거야 1번은? 어떻게?

뒤집어서 🐻

뒤집어? 어떤 걸 뒤집어야 해? 응?

뱀이나 벌 둘 중에 🐻

아~ 뒤집어볼까요? 어? 뱀을 뒤집으면 1번입니다.
잘했어요. 1점 주겠습니다. 그럼 2번은 어떻게 할까? 2번은?

2번은 벌 🐻

2번은 벌~ 아닌데? 2번은 어떡할 거야?

거미 옆에 뱀 🐻

1, 2 이렇게 하니까? 오! 훌륭합니다. 2번을 선택했으면 1, 2 뱀입니
다. 이렇게 하면 되는 거야.
자, 4번을 선택했어요. 그럼 어떡할까요?

저요! 거미 쪽부터 🐻

1, 2, 3, 4 벌입니다. 그럼 되는 거지? 우와! 너네 똑똑하다.
6번을 하면 어떡해야 해? 우리친구

어… 벌 카드 뒤에 🐻

그렇지요~ 우리 친구들! 나 너네처럼 똑똑한 애들 처음 봤어. 어머
웬일이니! 대단한 친구들!
자~ 이렇게 되려면 만약에 벌이 이쪽에 가 있고 뱀이 이쪽으로 가
있으면 할 수 있어, 없어?

없어요. 🐻

놀라운 마술 심리학

반드시 뱀과 벌이 2번째와 4번째에 와 있어야 이게 이루어져.

순서는 바뀌어도 되죠? 🐻

순서는 이렇게 바뀌어도 되고 상관없어요. 두 번째 네 번째, 이쪽에 서든지 이쪽에서든지! 두 번째하고 네 번째에 벌이나 뱀이 있어야 해. 이해됐어요? 안 됐어요?

됐어요. 🐻

그러면 이 순서대로 다 돼. 이쪽에서든지 저쪽에서든지. 이해됐어요? 할 수 있겠어요? 그리고 여기에는 이 고무줄은 많이 돌려야 해. 하다가 고무줄이 끊어질 수 있어~ 많이 하면. 그럼 어떻게 해야 해? 잘 봐 봐. 여기다가 걸면 되니까.

집에 머리 묶는 고무줄이나 노랑 고무줄로 하면 돼요. 두 개를 붙여 서 알겠죠?


41. 도구 받기

친구들 그럼 이제 우리 친구들에게 마술 도구를 나누어주도록 하겠 습니다. 앞으로 나오세요.

세팅만 합니다. 바닥에 앉아서 카드를 1, 2, 3, 4, 5, 6 세팅만 하세 요. 선생님처럼 알겠죠? 테스트에서 통과되면 여러분에게 점수를 주 도록 하겠습니다. 나와 보세요. 여기 있습니다.

42. 마술 도구를 나눠주는데 점수가 안 돼서 못 받는 아이들에게 기회 주기

점수 안 됐습니까? 안타깝습니다. 시간이 아직 있으니까 점수 받을
기회 줄까요? 나와 보세요. 여러분에게 기회를 주겠습니다.

자, 세팅해보세요. 여러분이 먼저 해보세요. 2번째와 4번째가 되게
카드가 벌과 뱀이 되게 세팅해 보세요. 됐습니까?

합격입니다. 친구 해보세요. 대단한 친구들이 정말 많군요.

2번째와 4번째가 돼야 합니다. 벌과 뱀이 세팅했나요?

확인합니다.

합격!

땡 탈락!


43. 연출 연습

마술 도구를 받고 해법을 숙지한 친구들은 옆 친구와 멘트를 하면서
1:1로 마술 연습을 한다.


44. 다양한 방법으로 마술 발표

• 자발적으로 혼자 발표해 볼 친구 발표

• 자발적이지만 혼자는 힘든 친구들 그룹으로 발표

• 심사위원 놀이로 발표 놀이

• 반장 놀이로 발표 놀이

• 돌림 멘트로 발표 놀이

## ❸ 마술 치료 계획안

### 마술 치료 유학생 프로그램 예시(유학생 심리 정서 지원 마술 치료)

#### "자아 성장 마술 치료!"

| 대상자 | 유학생(대학생) |
|---|---|
| 기간 | ○○○○년 ○월 ○일~ |
| 전체 목표 | 자기 효능감 향상을 위한 마술 치료 |
| 하위 목표 | • 초기 단계: 친밀감 및 집단원 인식하기(1회기)<br>• 중기 단계: 친화력 강화 마술을 배우고 마인드 형성하기(2~3회기)<br>• 종결 단계: 자연스러운 연출로 마술 보여주며 자신감과 자기 효능감 향상하기(4회기) |

| 단계 | 회기 | 주제 | 활동 내용 | 기대 효과 | 매체 |
|---|---|---|---|---|---|
| 초기 | 1회기 | 오리엔테이션 및 나는 이런 사람이야~ | • 프로그램 및 일정 안내, 진행자 소개<br>• 라포 형성을 위한 마술 보기<br>  퍼즐링 마술 체험해 보기<br>  – 호기심 자극 마술<br>• 집단 구성원 소개와 인사<br>• 60카드 배우기 | • 프로그램의 취지 인지 및 집단원 익히기 | 사인펜<br>색연필<br>연필<br>지우개 |
| | | 사전 검사 | • 자기 효능감 검사<br>• 자기 위치 검사<br>• 자아존중감 검사<br>  – 검사를 통해 현재 자신이 느끼지 못했던 자신의 무의식 알아보고 인지하기 | • 무의식 탐색<br>• 자기표현 능력 향상 | 검사지<br>연필 |

| 단계 | 회기 | 주제 | 활동 내용 | 기대 효과 | 매체 |
|------|------|------|-----------|-----------|------|
| 중기 | 2회기 | 숫자카드<br>컵앤볼<br><br>심리 마술 | • 일대일이나 소그룹에서 활용할 수 있는 마술로 상대방의 마음을 알아맞히는 클로즈업 마술을 익히고 연출해 본다.<br>• 상대방과 서로 자연스러운 대화를 하면서 보여주는 심리 마술로 대인관계 개선에 좋은 마술<br>• 마술을 통해 나를 이겨내는 힘 기르기<br>• 내게 의미 있는 것들을 정도에 따라 표현하고 인식한다. | • 표현력,<br>발표력 향상<br>• 과학적 사고<br>능력 향상<br>• 심사위원<br>활동을 통한<br>• 비판적 사고<br>능력 향상<br>• 가치와<br>우선순위 인식 | 마술 도구<br>A4용지<br>색연필<br>연필<br>지우개<br>사인펜 |
| | 3회기 | 레인보우<br>슈즈 마술<br>– 예언 마술<br><br>삼색 로프 마술 | • 마술 보기<br>• 마술 해법 찾기<br>(몸으로 원리 터득하기)<br>• 마술 익히기<br>• 마술 발표하기(2인 1조)<br>• 개인 발표하기<br>상대방이 선택할 카드를 미리 알아맞히는 예언 마술 | | |

| 단계 | 회기 | 주제 | 활동 내용 | 기대 효과 | 매체 |
|---|---|---|---|---|---|
| 종결기 | 4회기 | 예언 마술<br>– 내가 원하는 것<br><br>esp체인지<br>카드 마술<br>배우기<br><br>나만의 마술 특기 완성<br><br>사후 검사 | • 자신이 무엇을 원하는지 알아보고 이야기해보는 과정을 통해 심리적 안정을 가져올 수 있다.<br>• 자신이 표현한 형상을 이야기하며 정서적 안정감을 갖는다.<br>• 마술 발표 모습을 동영상으로 촬영한 후 피드백해 보는 과정을 통해 비판적 사고 능력을 기르고 인지하고 개선해 본다.<br>• 그동안 배운 마술을 그룹에서 발표해 보는 활동을 통해 자신감을 기른다.<br>• 내게 기쁨을 주는 것들을 바라본다.<br>– 특별한 기쁨을 자랑하고 서로 격려한다.<br>• 사후 검사 실시 | • 미래의 욕구 바라보기<br>• 심리정서적 안정<br>• 감정 나누기<br>• 자존감 키우기 | A4 용지<br>쓰기 도구 |

## 교육 기관 - 유치·초·중·고등학생들을 위한 프로그램

| 색깔 상자 | | |
|---|---|---|
| 활용 | 장기 자랑/치료/발표회/공개 수업/학교 폭력/회장 선거/치매 예방 | |
| 활용대상 | 유치 | 어려움–가능 |
| | 초등 | 가능 |
| | 중고등 | 가능 |
| | 성인 | 가능 |
| | 노인 | 가능 |

## 색깔 상자

| | |
|---|---|
| 강점 | 순발력 / 전체 제압 능력 / 연출능력 / 협응능력 |
| 학습 목표 | 마술 속에 숨겨진 과학의 원리를 이해하고 연출할 수 있다. |
| 마술 멘트 | 안녕하세요. ○○○ 마술샵니다.<br>여기 상자와 색깔 주사위가 있습니다.<br>당신이 좋아하는 색깔이 위로 올라오게 넣고 뚜껑을 덮으세요.<br>그럼 제가 그 색깔을 맞춰보겠습니다.<br>(상자를 받는다.)<br>아, 잘 모르겠네요. 한번 만져볼까요?<br>음, 그래도 모르겠네요. 다시 한 번 만져보겠습니다.<br>아! 이제 알았네요.<br>○○색입니다. 확인해 볼까요?<br>네, 지금까지 ○○○ 마술사였습니다. 감사합니다. |
| 수업 진행 | 1. 인사(울랄라 인사)<br>2. 사전 멘트 (수업 중 행동 강령)<br>3. 마술 시연<br>4. 멘트 연습의 정당성<br>5. 멘트 연습(전체/팀별/개별/MVP/릴레이반장/얼음땡(표정, 자세, 제스처), 목소리/돌림릴레이)<br>6. 점수 확인<br><br>7. 재도전<br>8. 도구 받기<br>9. 해법 찾기<br>10. 1:1 연습<br>11. 성공 여부 확인<br>12. 전체 연출 연습<br>13. 발표(전체/그룹/개인)<br>14. 피드백 |
| 효과적인 연출을 위한 주의 사항 | 1. 상자를 관객에게서 받을 때 뒷짐 진 상태로 받고 만지기<br>2. 의도적으로 상자 흔들어서 소리 듣기<br>3. 정답 말하고 뚜껑 열면서 바로 확인시키기 |

# 기업체 - 직장인을 위한 힐링 마술 프로그램

## 직장인을 위한 힐링 마술 프로그램

| 주제 | 어머~! 벌써 퇴근 시간이야? |
|---|---|
| 목적 | • 민주적이고 합리적인 의사 결정을 통해 일의 능률을 올리는 조직 문화를 구축한다.<br>• 마술을 통한 소통과 공감으로 심리적 안정을 가져와 일의 효율성이 증가한다.<br>• 직장인의 역량을 최대한 발휘할 수 있는 보람과 자긍심의 일터를 조성할 수 있다. |
| 필요성 | • 대한민국은 전 세계적으로 하루 평균 가장 많이 공부하고, 가장 오래 일하는 나라이다. 그로 인해 빠른 경제적 성장은 이루었지만, 정서적 안정과 일의 만족감은 상대적으로 낮은 수치를 보이고 있고, 남녀노소 높은 자살률의 기록을 보유하고 있는 나라이다. 이에 국민들의 정신 건강을 위해 마술 심리 상담 프로그램을 이용하여 나비 효과를 노리고자 한다.<br>• 직장 내 성희롱 예방 교육이 의무 교육이 된 이유를 생각해 보면, 성희롱이 일어나면 그 사건으로 인해 피해자와 가해자 모두 업무에 차질이 생긴다. 기계가 아니기 때문에 업무 시간에도 몸은 직장에 있지만 마음은 성희롱 상황과 그 문제를 해결하려는 여러 생각에 잠겨 업무를 효율적으로 달성하기 힘들다. 또한 그 주변 동료들 또한 사건을 궁금해 하게 되고, 이슈가 되어 수군거리게 되며, 그로 인해 업무 능률은 현저히 떨어지고 기업은 수익이 줄게 된다. 기업의 수익이 줄면 국가는 세금을 더 적게 책정하게 되고 악순환이 되는 것이다.<br>이에 착안하여 동료들 간의 사이가 좋아 소통과 공감이 잘 이루어지면 직업 능력이 향상되고 그로 인해 고용이 더 창출될 수 있고, 기업의 이윤이 높아져 국가에 내는 세금이 높아지고, 그 세금으로 또 다른 사회 환원의 사업을 추진하게 됨으로써 서로 상승하는 나비 효과를 가져오게 될 것이다. 이에 소통과 대인 관계 개선에 효과적인 마술 심리 상담 프로그램을 역량 강화를 위한 교육 훈련으로 진행할 필요가 있다. |

| | 직장인을 위한 힐링 마술 프로그램 |
|---|---|
| 활동<br>내용 | 1. 라포 형성을 위한 마술 관람하기 – 신기하고 놀라운 마술을 TV가 아닌 바로 눈앞에서 봄으로써 호기심을 자극하고, 불가능을 가능으로 만드는 마술을 통해 삶의 희망을 얻을 수 있다.<br>2. 마술 배우기 – 일반 직장인으로서 마술사만 할 수 있을 것 같은 마술을 직접 배우고 익힘으로써 자신감과 자존감을 향상시켜 삶의 새로운 의욕을 증진할 수 있다.<br>3. 마술 시연 – 동료들끼리 함께 배운 마술을 서로 시연해 보는 활동을 통해 같은 것을 공유하고 서로의 잘한 점과 부족한 점을 보며 힐링의 시간을 갖고, 보다 편안한 관계를 유지할 수 있다.<br>4. 장기 자랑 – 요즘 핫한 오디션 프로처럼 직장 내 신선한 새로운 직장 문화를 함께 만들어 가는 활동을 통해, 민주적이고 합리적인 일의 능률을 높일 수 있는 조직 문화를 구축할 수 있다.<br>5. 마술 치료 효과<br>　– 자존감이 낮거나 우울감이 있는 직원의 경우 치료적 효과를 거둘 수 있어 직장 만족도 향상<br>　– 동료들과 함께 배우고 익히는 과정에서 친밀감 향상으로 인한 직장 만족도 향상<br>　– 습득한 마술을 가족과 소통하면서 가족 화목에 일조<br>　– 가화만사성으로 인한 직장생활 업무 효율성 향상 |
| 기대<br>효과 | 1. 소통과 공감을 기반으로 한 조직 문화 구축<br>2. 직장 내 인간관계 개선으로 인해 연구 성과와 일의 능률을 올림<br>3. 직장인의 스트레스 해소와 그로 인한 삶의 만족도 향상<br>4. 남들이 하지 못하는 마술을 할 줄 앎으로써 자신감 향상과 자존감 향상<br>5. 마술이라는 매개체를 이용해 상호 간 소통과 공감 능력 향상<br>6. 새로운 조직 문화를 함께 만들어 가는 과정을 통해 소속감과 공동체 의식이 향상되고, 즐거운 직장 분위기로 인해 민주적이고 합리적인 직장 문화 활성화.<br>7. 순간적인 목적의식이 생기는 마술을 활용해 도전 의식을 불러일으켜 우울감을 향상시켜 건강한 직장 문화 조성. |

# ④ 마술 도구 목록

| | | | | 1 | 60카드 | 2 | 퍼즐링(마술 고리) |
|---|---|---|---|---|---|---|---|
| 3 | 라이트 하우스덱 | 4 | 원더박스 (열리지 않는 상자) | 5 | 부채 마술 | 6 | 케인(요술 지팡이) |
| 7 | 신기한 상자 | 8 | 동전 마술 | 9 | 꽃과 스카프 | 10 | 머니 프린터 |
| 11 | 부다 미스테리 | 12 | 요술 냄비 | 13 | 블랙 암산통 | 14 | 게쓰씽킹 |
| 15 | 우유컵 마술 | 16 | 마법의 미라 | 17 | 셀렉트 카드 (모양 예언 카드) | 18 | 드롭링(목걸이) |
| 19 | 링 앤 로프 | 20 | 신문지 물 붓기 | 21 | 세워지는 로프 | 22 | 마법의 장미(불) |
| 23 | 지퍼 체인지 백 (요술 주머니) | 24 | 요술 전구 | 25 | 피에로 구멍 뚫기 | 26 | 원기둥 불 |
| 27 | 카드 찾는 토끼 | 28 | 미스테리 다이스 (주사위 통) | 29 | 미라클 다이스 | 30 | 기분 알아맞히기 |
| 31 | 마법의 시계 (시간 알아맞히기) | 32 | 딜라이트 | 33 | 퀴즈 펜슬 | 34 | 아쿠아(마술 가루) |
| 35 | 빠지지 않는 링 | 36 | 천생연분 카드 | 37 | 바퀴벌레 스틱 | 38 | 컵 앤 볼 |
| 39 | 폭탄 주사위 | 40 | 납작해지는 주사위 | 41 | 통 속에서 풀어지는 나사 | 42 | ESP 카드 |
| 43 | 씽킹 넘버 테스트 카드 | 44 | 미니햇 | 45 | 칼라 체인지 스카프 | 46 | 드림백 |
| 47 | 요술 모자 | 48 | 사탕 책 | 49 | 동물 카드 | 50 | 신발 카드 |
| 51 | 333 카드 | 52 | 용기의 꽃 | 53 | 하트 스폰지 | 54 | 마법의 잉크 |
| 55 | 컬러 체인지 스카프 CD | 56 | 그림이 변하는 카드 | 57 | 우주 비행선 | 58 | 레인보우 칩 (색깔 칩) |
| 59 | 신기한 컵 | 60 | 추스틱 | 61 | 재생 카드 | 62 | 일주일 카드 |
| 63 | 도미노 카드 | 64 | 프리딕션 미니 룰렛 | 65 | 마술 책 | 66 | 예언의 칩 |
| 67 | 빨대 마술 | 68 | 미러 글러스 | 69 | 공중부양 컵 | 70 | 투명 구슬 |
| 71 | 우드 퍼즐 | 72 | 회전 링 | 73 | 스케치 북 | 74 | 팬티 마술 |
| 75 | 마중물 마술 | 76 | 튀밥 마술 | 77 | 캐릭터 프리딕션 마술 | 78 | 큰 카드 |
| 79 | 평행 구슬 | 80 | 프롬 핸드 무브 (춤 스틱) | 81 | 판타스틱 카드 | 82 | 글로벌 카드 |
| 83 | 세 줄 로프 | 84 | 로프투실크 | 85 | 삼색 로프 | 86 | 신문지 컵 |
| 87 | 멘탈 박스 | 88 | 요술 숟가락 | 89 | 서프라이즈 봉투 | 90 | 요술 화분 |

**2** 퍼즐링(마술 고리)

**1** 60 카드

**3** 라이트 하우스덱

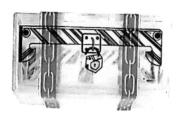
**4** 원더 박스(열리지 않는 상자)

**5** 부채 마술

**6** 케인(요술 지팡이)

**7** 신기한 상자

놀라운 마술 심리학

**8** 동전 마술

**9** 꽃과 스카프

**10** 머니 프린터

**11** 부다 미스테리

**12** 요술 냄비

**13** 블랙 암산통

Blue

**14** 게쓰씽킹

**15** 우유컵 마술

**16** 마법의 미라

Select Card

**17** 셀렉트 카드
(모양 예언 카드)

**18** 드롭링(목걸이)

**19** 링 앤 로프

놀라운 마술 심리학

20 신문지 물 붓기

21 세워지는 로프

22 마법의 장미(불)

23 지퍼 체인지 백
(요술 주머니)

24 요술 전구

**25** 피에로 구멍 뚫기

**26** 원기둥 볼

**27** 카드 찾는 토끼

**28** 미스테리 다이스
(주사위 통)

**29** 미라클 다이스

**30** 기분 알아맞히기

**31** 마법의 시계
(시간 알아맞히기)

놀라운 마술 심리학

**32** 딜라이트

**33** 퀴즈 펜슬

**34** 아쿠아
(마술 가루)

**35** 빠지지 않는 링

**36** 천생연분 카드

**37** 바퀴벌레 스틱

**38 컵 앤 볼**

**39 폭탄 주사위**

**40 납작해지는 주사위**

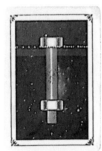

**41 통 속에서 풀어지는 나사**

**42 ESP 카드**

**43 씽킹 넘버 테스트 카드**

**놀라운 마술 심리학**

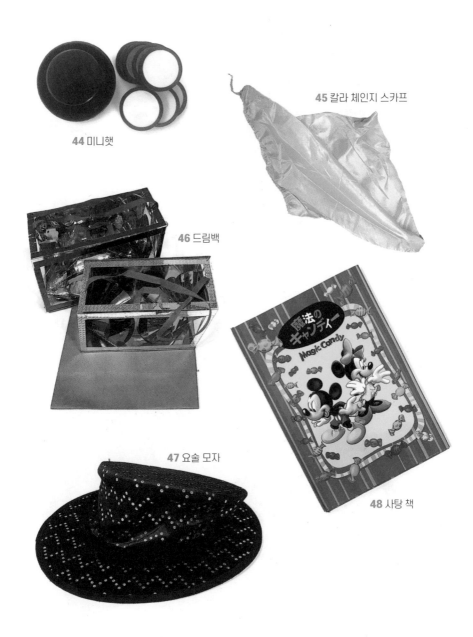

**44 미니햇**

**45 칼라 체인지 스카프**

**46 드림백**

**47 요술 모자**

**48 사탕 책**

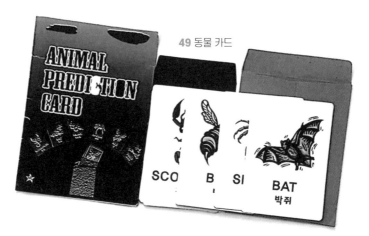

**49** 동물 카드

ANIMAL
PREDICTION
CARD

SCO    B    SI    BAT
박쥐

**50** 신발 카드

**51** 333 카드

**53** 하트 스폰지

**52** 용기의 꽃

놀라운 마술 심리학

**54** 마법의 잉크

**55** 컬러 체인지 스카프 CD

**56** 그림이 변하는 카드

**57** 우주 비행선

**58** 레인보우 칩
(색깔 칩)

**59** 신기한 컵

**60 추스틱**

**61 재생 카드**

**62 일주일 카드**

**63 도미노 카드**

**64 프리딕션 미니 룰렛**

**65 마술 책**

**66** 예언의 칩

**67** 빨대 마술

**69** 공중부양 컵

**68** 미러 글러스

**70** 투명 구슬

**72** 회전 링

**71** 우드 퍼즐

**73** 스케치북

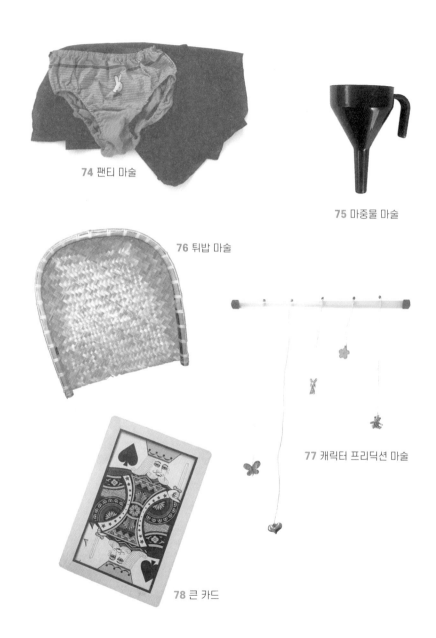

**74** 팬티 마술

**75** 마중물 마술

**76** 튀밥 마술

**77** 캐릭터 프리딕션 마술

**78** 큰 카드

**79 평행 구슬**

**80 프롬 핸드 무브
(춤스틱)**

**81 판타스틱 카드**

**82 글로벌 카드**

**83 세 줄 로프**

**84 로프투실크**

**85** 삼색 로프

**86** 신문지 컵

**87** 멘탈 박스

**88** 요술 숟가락

**89** 서프라이즈 봉투

**90** 요술 화분

놀라운 마술 심리학

1  《동부산대학 매직엔터테인먼트학과 마술 강의 자료집》_김원일 저자, 2013년판, p2~3 참고

2  《지혜의 심리학》_김경일, 진성북스, 2017. 3. 28.

3  〈초등학생의 학습동기 유발을 위한 마술 프로그램 효과 검증 및 개발-반짝 마술프로그램〉_홍미선, 원광대학교 대학원 석사학위 논문, 2012.

4  〈이은결과 함께한 마술 치료 세미나 성료〉_블로그 몸짱 기자 박현의 취재수첩, 2013. 3. 11.

5  〈'이은결 프로젝트'와 함께 환우를 위한 마술 재능 기부 진행〉_2014. 4. 28.(경의 의료원 홈페이지 참조)

6  www.HocusFocusEducation.com

7  〈나만 불행한 것처럼 느껴진다면〉_김경일, 아주대학교 심리학과, 유튜브

8  〈당근 or 채찍, 그 선택과 활용의 심리학〉_김경일, 아주대학교 심리학과, 유튜브

9  〈기초 학력 향상 지원 사이트 '꾸꾸', 손 유희를 활용한 수업〉_무료 동영상 강좌, 강사: 홍미선, 한국교육과정평가원

10  홍미선 페이스북

11  마음채심리상담센터 네이버 블로그

12  〈기초 학력 향상 지원 사이트 '꾸꾸', 자료 활용 가이드: 이럴 땐, 이런 자료!〉_홍미선 지도 부분, 연구자료 ORM 2011-42, 한국교육과정평가원

13  《부진 학생 지도·지원을 위한 사이버 교원 연수 프로그램 개발》_이화진, 곽영 순, 김태은, 노원경, 김영빈, 한국교육과정평가원, p58~62, 2011년, 홍미선편

# 놀라운 마술 심리학

**초판 1쇄 인쇄**  2021년 03월 15일
**초판 1쇄 발행**  2021년 03월 22일
**지은이**  홍미선

**펴낸이**  김양수
**편집디자인**  이정은
**교정교열**  이봄이

**펴낸곳**  휴앤스토리
　　　　**출판등록**  제2016-000014
　　　　**주소**  경기도 고양시 일산서구 중앙로 1456(주엽동) 서현프라자 604호
　　　　**전화**  031) 906-5006
　　　　**팩스**  031) 906-5079
　　　　**홈페이지**  www.booksam.kr
　　　　**블로그**  http://blog.naver.com/okbook1234
　　　　**포스트**  http://naver.me/GOjsbqes
　　　　**이메일**  okbook1234@naver.com

**ISBN**  　979-11-89254-54-4 (03180)